W0172209

Schirner
Verlag

Jeanne Ruland

Willkommen auf der Erde

Segenszeremonien
für Kinder

ISBN Printausgabe 978-3-8434-5039-3
ISBN E-Book 978-3-8434-6026-2

Jeanne Ruland:
Willkommen auf der Erde
Segenszeremonien für Kinder
© 2011 Schirner Verlag, Darmstadt

Umschlaggestaltung: Murat Karaçay, Schirner
Redaktion: Tamara Kuhn, Schirner
Satz: Murat Karaçay, Schirner
Printed by: Ren Medien GmbH, Germany

www.schirner.com

5. Auflage Januar 2018

Für alle Kinder dieser Erde – möge die Kinderseele heilen

INHALT

WILLKOMMEN AUF DIESER WELT

Als ich gerade geboren war, hielt mein Vater mich
gen Osten,
damit die Kraft des Bären in mich einginge
und ich auf meinem Wege geschützt und behütet wäre,
gen Süden,
damit der Mut des Adlers in mich einginge
und ich den Ruf des Großen Geistes im Herzen hörte,
gen Westen,
damit die Intelligenz des Delfins in mich einginge und ich mich
an die Höheren Welten und den Segen in allem erinnerte,
gen Norden,
damit die Weisheit der Eule in mich einginge
und ich sicher meinen Weg in der Dunkelheit fände,
zur Erde,
damit sie mir ihre Gaben schenkte,
zum Himmel,
damit mir ein Leben in Harmonie beschieden wäre,
an sein Herz und an das meiner Mutter,
damit ich die Liebe und den Segen
aller meiner Verwandten spürte,
die vor mir kamen und mir diesen Weg geebnet haben,
und in den Kreis der Menschen,
die mit mir auf der Erde wandeln,

damit ich das Netz der Liebe fühlte, das mich trägt, führt und beschützt immerdar.

Jeanne Ruland

VORWORT –
WILLKOMMEN AUF DER ERDE

Du bist gewollt, kein Kind des Zufalls,
einzigartig, genial und frei,
deinen Weg zu gehen, wohin er dich führt.
Dies sind deine Zeit, dein Ort, innerlich wie äußerlich,
und dein Wille, der dir erfüllt wurde von der Schöpfung.
Nimm das Geschenk der Liebe an, das du bist,
und lasse zu, dass dein Potenzial
sich beim Gehen ganz von allein entfaltet.

Jeanne Ruland

Im Jahr 2010 wurde ich zur Lichtkinderkonferenz nach Kassel eingeladen. Sie wurde von Eva-Maria Mora und ihrem Mann Michael Mora ausgerichtet und berührte mich tief im Herzen. Die beiden sind wundervolle Pioniere, die den Kindern einer neuen Zeit und deren Eltern einen neuen Weg zeigen. Mich berührte besonders der Vortrag von Michael Mora. Er ist ein von einem Hopi-Apachen ausgebildeter Schamane. In seinem Vortrag erzählte er, wie die Hopi-Indianer mit Kindern umgehen. Man heißt sie im gesamten Stamm willkommen, lässt sie sie selbst sein und beobachtet liebevoll, welche Stärken und Bedürfnisse sie von sich aus offenbaren. Unsere jeweilige Lebensbestimmung ist in jedem von uns veranlagt und zeigt sich im Kindesalter am deutlichsten. Sie liegt in dem, was uns leichtfällt, in dem, was unser Herz zum Singen bringt, was uns viel Freude bereitet. Das Kind erhält bei den Hopi-Indianern entsprechend seiner Neigung auch einen Namen, der zu ihm passt und sein Wesen unterstützt. Wenn ein Kind dann in die Pubertät kommt, erzählen ihm alle Mitglieder des Stammes, was es schon immer gern gemacht hat, damit es seine wahrhafte Lebensbestimmung entfalten kann.

Ich selbst habe auf der Lichtkinderkonferenz einen Vortrag mit dem Titel »Willkommen auf der Erde« gehalten. Es ging um Segenszeremonien für Kinder, und die Resonanz war zutiefst berührend und auch überwältigend. Ich wurde von vielen Seiten gebeten, ein Büchlein über Segenszeremonien zu schreiben. Ich danke allen für die Rückmeldungen und die Anregungen, die dazu beigetragen haben, dieses Büchlein, das Sie jetzt in der Hand halten, in die Welt zu bringen.

Liebe ist das verbindende Glied aller Religionen und menschlichen Pfade. Es wird Zeit, neue Wege zu gehen und ein Netz der Liebe in ein neues Zeitalter hinein zu knüpfen. Ich hoffe, dass ich Ihnen einen kleinen Leitfaden für eine eigene Zeremonie mit an die Hand zu geben vermag.

Möge der Segen Sie allezeit begleiten. Mögen Sie allezeit beschützt sein. Mögen Sie den Mut und die Kraft in sich fühlen, neue Richtungen zu gehen, Ihr Mitschöpfertum anzunehmen, Ihr Leben liebevoll zu gestalten und den Segen in Ihr Leben und in das Ihrer Kinder zu bringen, damit Sie so neue Erfahrungen der Liebe machen und das unbegrenzte innere Licht entfachen können.

Alles (ist) Liebe
Jeanne Ruland

EINLEITUNG

Jeder von uns hat einen leiblichen Vater und eine leibliche Mutter, und wenn wir auf die Welt kommen, werden wir in eine Gemeinschaft von Menschen geboren, die »Familie« genannt wird und unsere gesamte Entwicklung beeinflusst.

Wenn wir einen Blick in die Geschichte werfen, stellen wir fest, dass sich die Struktur, die Aufgaben und die Bedeutung der Familie viele Male gewandelt haben. Die Familie ist auch jetzt im Wandel begriffen. Wir sind dazu aufgerufen, völlig neue Wege zu gehen.

Einst bildete die Familie ein dichtes soziales Netzwerk, das einen neuen Erdenbürger empfing und ihn durch die Kindheits- und Jugendjahre in die Erwachsenenzeit begleitete, ihn prägte und ihm seinen Platz in der Gemeinschaft gab. Die Familie bedeutete früher Schutz, Fürsorge und Geborgenheit nicht nur für Säuglinge, sondern auch für kranke und alte Familienangehörige. Erst im Laufe der Zeit entstanden soziale Einrichtungen wie Kinderheime, Altersheime und Behindertenwohnstätten.

Während früher oft mehrere Generationen einer Familie in einem Haushalt lebten, sich gegenseitig unterstützten und füreinander da waren, kann eine Familie heute durchaus auf zwei bis drei Personen reduziert sein. Durch den Wandel der Zeit, die Weltoffenheit und die unzähligen Möglichkeiten, zwischen denen man mittlerweile im Leben wählen kann, ist heute vieles möglich – und nicht mehr möglich. Elternteile werden oft »Erziehungsberechtigte« genannt, und manche Menschen kennen weder ihren Vater noch ihre Verwandtschaft, weil sie vielleicht in einem anderen Land leben oder es keinerlei Aufzeichnungen gibt. Viele Paare trennen sich während der Schwangerschaft der Frau oder bald nach der Geburt des gemeinsamen Kindes. Es gibt viele Alleinerziehende, die die Anforderungen der modernen Gesellschaft und die Kindererziehung ganz allein erfüllen müssen und damit überfordert sind. Das Netz der Familie, das einen tragen und umfangen sollte, ist dann nicht mehr so deutlich fühlbar. Es wirkt kaputt, scheint mit großen Löchern durchsetzt zu sein, und man muss sehr viel Kraft aufwenden, um in einem solchen Netz die Balance für sich und sein Kind halten zu können.

Neben der aus Mutter, Vater, Geschwistern und den direkten Vorfahren bestehenden Familie sprechen wir heute auch noch von der »Seelenfamilie« und der »Weltfamilie«.

Die Seelenfamilie entsteht, wenn wir uns dem »Geist« öffnen. Wir sind zu 0,1 % Mensch und zu 99 % Geist. Wir sind mehr, als wir denken. In uns liegt ein unbegrenztes Potenzial. Wenn wir einen Zugang zu diesem Potenzial bekommen, wenn wir erwachen, dann erkennen wir Menschen, die mit uns auf diesem Weg sind. Wir ziehen Menschen an, die für sich die gleichen Werte und Anschauungen gefunden haben wie wir für uns. Wir fühlen uns zu ihnen hingezogen, und sie sind uns oftmals viel näher als unsere eigentliche Familie. Es entsteht das vertraute Gefühl, dass diese Menschen »vom gleichen Stern« stammen oder man sich schon sehr lange kennt. Die Seelenfamilie besteht also aus Menschen (und durchaus auch aus Tieren), die einem sehr nahe sind, und folgt einer anderen, eher »spirituell ausgerichteten« Gesetzmäßigkeit. Mit dem geistigen Erwachen werden sich jetzt immer mehr Seelenpartner und Seelenfamilien finden und zusammenschließen.

Die Weltfamilie ist gerade am Entstehen. Durch die umfangreichen elektronischen Netzwerke sind wir alle miteinander verbunden. Wir erkennen mehr und mehr, dass wir eins sind, dass wir ähnliche Bedürfnisse nach Glück, Liebe, Freude und Frieden haben und dass wir eingebunden sind in eine Schöpfung, die uns trägt, versorgt und nährt. Wenn wir viel reisen, gewinnen wir Freunde aus aller Welt, aus vielen Kulturen und Religionen. Überall gibt es sehr interessante, liebevolle Menschen, die uns herzlich aufnehmen und von denen wir viel lernen können. Gerade in der Vielfalt lernen wir eine umfassende Sichtweise kennen. Ein Ereignis am anderen Ende der

Welt kann alles beeinflussen und verändern. Wir erkennen langsam, dass wir gemeinsam und global umdenken müssen, weil wir auf dem besten Weg sind, unseren Lebensraum zu zerstören und uns selbst auszulöschen.

Ein neues Miteinander entsteht. Wir sind an der Wende zu einem neuen Zeitalter angelangt, zu einem Zeitalter des Friedens. Die Regenbogennation erwacht. Doch die neuen Wege offenbaren sich uns erst, wenn wir sie gehen.

Die neue Generation, die jetzt geboren wird, trägt ein Lichtpotenzial in sich, dem wir uns oft nicht gewachsen fühlen. Wir werden diese Generation nur schwer verstehen und begleiten können, wenn wir nicht beginnen, uns anderen Wegen zu öffnen und eine umfassendere Sichtweise zu entwickeln. Alles, was wir bisher gekannt haben, verändert sich in einer rasanten Geschwindigkeit. Viele von uns fühlen sich unsicher, überfordert, haltlos und verloren. Wir fragen uns: »Warum bin ich eigentlich hier? Was mache ich hier?« Manche Menschen sind mehr am Überleben als am Leben.

Aber wir sind Pioniere und haben genau diese Zeit gewählt, weil wir den Geist eines neuen Zeitalters schon längst in uns tragen. Wir sind bestens ausgerüstet, um genau die Situation, in der wir uns heute befinden, bewältigen zu können. Es wird Zeit, dass wir uns dem unbegrenzten Potenzial in uns zuwenden, erlauben, dass unser Lebensplan sich entfaltet, dass wir Selbstliebe entwickeln, die Nächstenliebe beinhaltet, und dass wir gemeinsam neue Wege und lichtvolle Netzwerke schaffen, weit über die gängigen Formen hinaus, um diese Zeit gemeinschaftlich, global und ganzheitlich zu bewältigen. Wir können aus unserem Herzen heraus eine neue Zeit einläuten, indem wir uns für den Segen der Geistigen Welt öffnen, die Liebe in uns und in unseren Mitmenschen fühlen und neue, freie Netzwerke der Liebe und des Miteinanders flechten.

Ich möchte Ihnen in diesem Büchlein aufzeigen, wie man ein neues Netz der Liebe erschaffen und eine Regenbogenbrücke in das neue Zeitalter des Friedens bauen kann. Wir alle sind befähigt, diese Wege zu gehen, wir sind es, die sich diesen neuen Wegen öffnen und alte, überholte Glaubensstrukturen abstreifen können. Für uns, für die, die vor uns kamen und uns den Weg geebnet haben, für unsere Kinder, unsere Kindeskinder und diesen wundervollen Planeten.

Was möchten wir der Welt hinterlassen? Was möchten wir unseren Kindern mitgeben? Welchen Weg möchten wir jetzt einschlagen? Das Umdenken beginnt im Geiste eines jeden Einzelnen. JETZT, in diesem Augenblick. Wir haben die Wahl.

Eine Segenszeremonie ist eine feierliche, Segen bringende, schön und tiefgründig gestaltete Zeremonie, in der ein Mensch liebevoll in einer Gemeinschaft gesegnet und willkommen geheißen wird.

Die Liebe und das Licht, die in Segenszeremonien freigesetzt werden, tragen und bestärken die Menschen auf ihrem Weg und in Zeiten der Herausforderungen, vor die einen das Leben stellen kann. Ich habe schon viele Segenszeremonien für Kinder, für Paare, bei Hauseinweihungen, Firmengründungen und anderen Anlässen geleitet, mitgestaltet oder als Gast besucht und war jedes Mal tief bewegt von der Begegnung im Raum des Herzens und davon, wie Menschen in Liebe und Licht beisammen sein können, wenn sie sich ihrem Selbst öffnen und sich trauen, die Liebe zu sich und anderen einzugestehen. Dies verändert alles für immer.

Segenszeremonien sind für Menschen jeden Alters geeignet. Man kann sie durchführen
  ⋄ anlässlich der Geburt eines Kindes,
  ⋄ als Initiation in der Phase, in der ein Kind das Erwachsenenalter erreicht,
  ⋄ für Paare, die den Bund der Ehe eingehen,
  ⋄ bei Hauseinweihungen, Firmengründungen, Haus- und Geschäftsübernahmen,
  ⋄ an besonderen Geburtstagen,

- in Trennungsphasen,
- um einem geliebten Menschen ein würdiges letztes Geleit zu geben,
- zum Neubeginn, zur Neuorientierung sowie zur Auflösung und Neugestaltung,
- in allen Zeiten, in denen der Segen fehlt.

In diesem Büchlein geht es speziell um Willkommenszeremonien für Kinder und Jugendliche bis 18 Jahre. Für Kleinkinder planen die Eltern mit dem Leiter und den Paten die Zeremonie. Größere Kinder können in die Gestaltung und Planung einbezogen werden. Die gemeinsame Gestaltung kann eine sehr schöne und tief greifende Erfahrung für Kind, Eltern und Paten sein.

Ich freue mich, Sie auf diesem Weg ein Stück begleiten zu können, und hoffe, dass Sie in diesem Büchlein die eine oder andere Anregung finden, ein neues Netz der Liebe zu knüpfen, in dem Ihr Kind sich sicher, geborgen, geliebt und getragen fühlt und eine gute Basis im Leben hat.

EINSTIMMUNG AUF EINE SEGENSZEREMONIE

Der Sinn einer Segenszeremonie

Sterne fallen nicht vom Himmel – sie werden geboren.

unbekannt

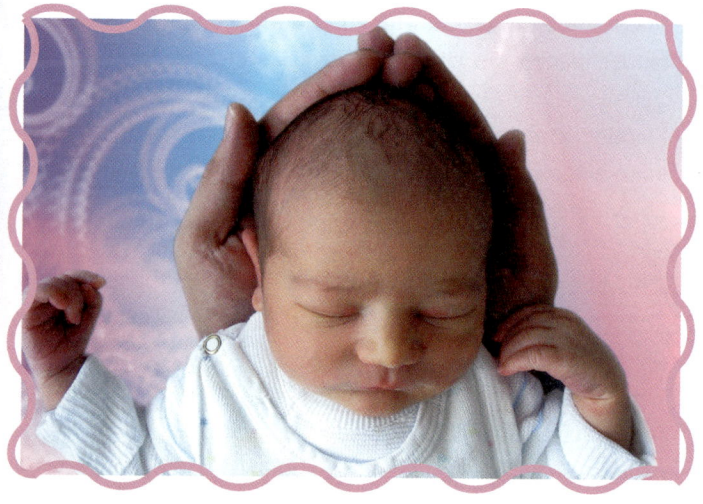

Eine Segenszeremonie für ein Kind wird durchgeführt, um den neuen Erdenbürger willkommen zu heißen. Es geht darum, ihm eine gute Basis, »einen Landeplatz« für sein Erdenleben zu geben und seinen Lebensweg auf allen Ebenen mit

Licht, Kraft, Energie und Freude aufzuladen. Wenn Eltern ihrem Kind den Segen geben und das Kind in den Kreis der Gemeinschaft aufgenommen wird, fühlt es sich geliebt und angenommen und kann den Lebensplan, der in ihm angelegt ist, auf beste Weise entfalten.

Viele von uns haben als Kind viel Zeit damit verbracht, herauszufinden, ob unsere Eltern uns wollten, ob sie uns liebten und warum wir so manche Behandlung erfahren haben. Wir haben das Gefühl des Ungeliebtseins mit uns herumgeschleppt, viel Zeit und Energie investiert und aufgrund dieses inneren Gefühls entsprechende Erfahrungen angezogen. Dies ist geschehen, weil uns der Segen und die Gewissheit des Geliebt- und Willkommenseins hier auf der Erde gefehlt haben.

Wenn ein Kind sich von Anbeginn willkommen fühlt, es spürt, dass es Menschen gibt, die bereit sind, es auf die eine oder andere Weise zu begleiten, dann kann es gleich damit anfangen, seiner Bestimmung zu folgen; es hat viel mehr Kraft und Energie zu Verfügung und kann in seinem Leben viele Erfahrungen der Liebe machen. Der Segen der Eltern und des Menschenkreises ist wichtig. Hat ein Kind auch nur einen Menschen, der an es glaubt und ihm seinen Segen gibt und es dies auch wissen lässt, so hat es sehr viel gewonnen.

In vielen Kulturen und Gesellschaften gibt es traditionelle Bräuche und religiöse Riten, mit denen neugeborene Kinder empfangen werden. In unseren Breitengraden ist die gängige Form die Taufe in der Kirche. Das Kind wird dadurch in die religiöse Gemeinschaft aufgenommen.

Dieses Büchlein stellt keinen Widerspruch zu herkömmlichen Traditionen dar. Die hier vorgestellten Segenszeremonien können allein oder ergänzend und erweiternd zu religiösen Riten durchgeführt werden, um in der Gemeinschaft auf anderen Ebenen ein weiteres Netz der Liebe zu weben. Diese Form der Zeremonie ist eine freie Form. Sie kommt aus der Liebe und gehört in die Liebe, die immer da ist. Einige Elemente sind der Taufe ähnlich – und doch ganz anders.

Ich möchte hier ganz kurz auf die Taufe eingehen. Die Taufe ist ein Ritus aus dem Christentum und bedeutet die Aufnahme in die christliche Gemeinschaft. Da die Taufe für den Eintritt in das Christentum steht, befindet sich das Taufbecken auch oft am Eingang einer Kirche. Es gibt verschiedene Taufzeremonien, doch in der Regel wird der Täufling mit dem Element Wasser übergossen oder vollständig in Wasser eingetaucht. Zudem erhält er einen oder mehrere Paten (der Begriff leitet sich ab vom lateinischen *pater spiritualis*, was »Mit-Vater« oder »Gevatter« bedeutet), der/die ihn bei der Taufe begleitet/begleiten und ihm bei seiner menschlichen und religiösen

Entwicklung zur Seite steht/stehen. Ein Pate ist für das Kind da und stellt zusätzlich zu den Eltern eine Begleitperson dar.

Dem Kind werden in einer Segenszeremonie mehrere Paten zur Seite gestellt, die sich freiwillig und aus Liebe dazu entschlossen haben, das Kind auf ihre Weise auf seinem Weg ins Erwachsenenleben zu begleiten und es auf allen Ebenen auf seinem Lebensweg zu unterstützen.

Ich bin Patin für mehrere Kinder aus meinem Freundeskreis und kann die Entwicklung dieser Kinder und meiner Mitmenschen äußerst positiv und aufbauend erleben. Mein praktisch erfahrenes Wissen möchte ich mit Ihnen in diesem Büchlein teilen.

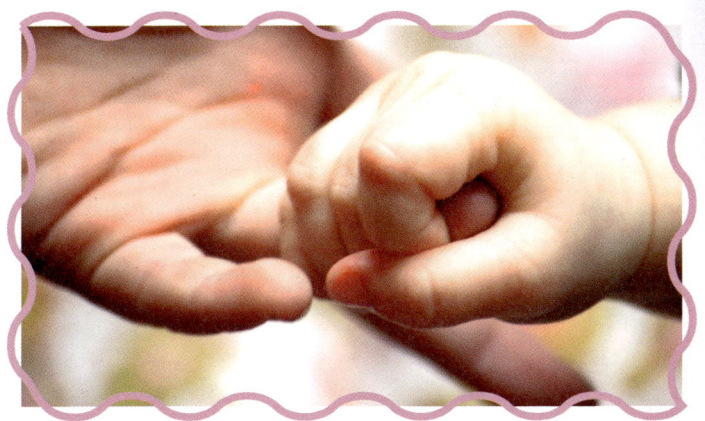

Das Segnen

Möge mein Segen immer mit dir sein.
Möge die göttliche Gegenwart dir allezeit nahe sein
auf deinem individuellen Weg in ein ewiges Leben.
Mögest du allezeit die liebevolle innere Stimme hören,
die in dir wohnt und dich anleitet.
Möge dein Herz allezeit offen sein,
und mögest du das Licht empfangen, das du bist.
Möge dein Leben gesegnet, beschützt,
voller Liebe und Glück sein.
Mögest du die Herausforderungen im Leben
gut meistern und bestehen.
Möge dein Herz sich immer wieder öffnen
für die ewige Liebe, die du bist und die durch dich strömt.
Möge deine Zellstruktur leuchten, funkeln und erstrahlen
im Lichte des Einen.
Mögest du dich immer wieder regenerieren und heil werden,
weil du heilig bist.
Schön, dass es dich gibt. Du wirst unendlich geliebt.

Jeanne Ruland

Können Sie fluchen? Gut, dann können Sie auch segnen. Oft trauen wir uns nicht, die Geste des Segnens anzuwenden, weil wir sie in einen religiösen Zusammenhang stellen und deshalb meinen, wir hätten nicht das Recht, einen Segen auszusprechen.

Wir sind Kinder Gottes, und zwar alle, ausnahmslos. Eine höhere Kraft hat uns hier gewollt, und das Feuer Gottes brennt in jedem Herzen. Es wird Zeit, dass wir uns dessen wieder bewusst werden und diese Kraft in uns fühlen, um unser Leben im Sinne unseres höheren wahren Wesens in Liebe zu gestalten und so freudvolle und liebevolle Gesten in unserem Leben zu verankern.

Segen und Segensformeln lassen sich in allen Kulturen und zu allen Zeiten finden. Das Segnen ist eine ganz natürliche Geste, die jeder anwenden kann. Es ist für die heutige Zeit so wichtig, dass wir diese Geste wieder in unseren Alltag aufnehmen und unser Leben segnen, das neue Jahr, unsere Kinder und alles, womit wir sichtbar und im Verborgenen verbunden sind.

Wir sind hier, um zu segnen
und den Segen des Lebens zu erfahren.

  Jeanne Ruland

Etwas zu segnen bedeutet, potenziell Gutes durch Worte, Bilder und Taten zu bekräftigen und das, was gesegnet wird, mit Licht zu versiegeln. Ein Segen lässt die Zellstrukturen aller Lebewesen aufleuchten und verleiht ihnen Schönheit, Kraft und Vitalität. Wir bringen mit dieser Geste Licht in die Welt und laden Energiefelder auf. Das Wort »segnen« bedeutet im Grunde so viel wie »etwas mit einem heiligen Zeichen versehen«. Ein Segensspruch kann mit dem Auflegen, dem Ausbreiten oder dem Öffnen der Hände verbunden werden, damit der Strom des Lichtes und der Liebe in das fließen kann, was gesegnet wird.

Mit einem Segen schafft man eine positive, lichtvolle und kraftvolle Schwingung im Energiefeld. Viele Dinge »laufen einfach nicht optimal«, weil der Segen fehlt. Deshalb ist es nie verkehrt, beispielsweise über einen Neubeginn, ein neues Leben, ein Vorhaben oder einen neuen Monat eine heilsame Formel zu sprechen.

Übungen zum Segnen

Lassen Sie mich die Wirkung des Segnens etwas deutlicher erklären. Ein Wort ist nicht nur eindimensional, wie wir es zunächst annehmen mögen. Sprechen wir ein Wort bewusst aus und lassen es wirken, so stellen wir fest, dass es eine Form bildet.

Probieren Sie es aus: Schließen Sie Ihre Augen. Atmen Sie ein paar Mal tief ein und aus, und kommen Sie mit jedem Atemzug mehr zu sich selbst. Denken und fühlen Sie dann das Wort »SEGEN«, und schauen Sie, welche Form, welche Farbe, welchen Geruch, welchen Geschmack, welche Energie und welches Gefühl dieses Wort bei Ihnen auslöst.

(Die meisten Menschen assoziieren mit diesem Wort die Farben Gold, Gelb, Beige oder Weiß, sie sehen ein Strahlen oder ein Funkeln, Formen sind kleine Lichtspiralen, goldene Lichtfunken, Lichtblitze, Glückssymbole, Sterne, Punkte, Regen usw., es entsteht Wärme, Weite oder Licht, und Gerüche können die von Weihrauch oder Vanille sein, warme, weite Düfte …)

Nun denken und fühlen Sie im Vergleich dazu das Wort »WUT«, und schauen Sie, welche Form, welche Farbe, welchen Geruch, welchen Geschmack, welche Energie und welches Gefühl dieses Wort bei Ihnen auslöst.

(Die meisten Menschen assoziieren mit diesem Wort die Farbe Rot, schwarze Wolken, Gewitter, Blitze, Pfeile, Lärm oder Feuer, es riecht verbrannt, nach Schwefel, es wirkt erschreckend, entzweiend, aber auch befreiend, reinigend …)

Probieren Sie noch weitere Wörter aus, und erfahren Sie die jeweilige Kraft.

Jedes Wort hat also Schöpferpotenzial. Je nachdem, was wir mit einem Wort verbinden, bringen wir eine Energie mit ungeahnten Auswirkungen in diese Welt. Mit unseren Worten und Gedanken nehmen wir ständig Einfluss auf unsere Umgebung. Es ist uns gar nicht möglich, nicht zu beeinflussen. Das Segnen ist eine erhöhende Möglichkeit, auf sein Leben Einfluss zu nehmen – und Segen zieht Segen an.

In einer Segenszeremonie geben wir einem Menschen eine positive und kraftvolle Schwingung mit auf den Weg, die diesen Gesegneten durch sein Leben tragen kann. Wenn man eine Segenszeremonie leiten oder jemandem einen Segen mit auf den Weg geben möchte, ist es gut, den Segen im eigenen Leben zu empfangen und zu verankern.

Dazu eignet sich diese Übung, die Sie jeden Tag ausführen können, um den Tag selbst und alles zu segnen, womit Sie sichtbar und im Verborgenen verbunden sind.

Probieren Sie es aus: Heben Sie zum Segnen Ihre Arme. Fühlen Sie, wie Segensenergie aus den höchsten Ebenen in Ihre Hände und Arme fließt. Ihre Hände und Arme können warm werden und zu kribbeln beginnen. Führen Sie, während Sie sprechen, die Arme langsam nach unten. Stellen Sie sich vor, wie eine goldene Lichtsäule, eine goldene Dusche aus Licht, eine Lichtkugel oder ein Lichtmantel Sie umhüllt und wie die Segensenergie in alles hineinströmt, womit Sie verbunden sind, zum Ruhme und zur Ehre der gesamten Schöpfung.

Dazu können Sie eine Segensformel sprechen, die diese Geste unterstützt:

Möge der Strom des Segens
jetzt aus den höchsten Ebenen in mein Leben hereinfließen,
durch mich fließen, um mich fließen und in alles hineinströ-
men, womit ich sichtbar und im Verborgenen verbunden bin.
Möge der Segen mich tragen und alles mit Licht aufladen.
Danke.

Achten Sie auf Ihre Empfindungen und Wahrnehmungen, Bilder und Gedanken, die Ihnen in den Sinn kommen, während Sie diese Formel sprechen und diese Geste ausführen. Stellen Sie sich vor, wie ein Strom aus goldenem Licht jetzt in alles hineinströmt. In Ihr Leben, in Ihre Familie, in Ihren Wohnraum, in Ihre Arbeit, in Ihre Worte und Handlungen, zu Plätzen, die Sie lieben, zu Menschen, mit denen Sie sich verbunden fühlen …

Ganz ehrlich, was soll an einem Segen falsch sein?

Segenswünsche

Wenn Sie einen Menschen segnen möchten, so überlegen Sie sich, was Sie ihm an Wünschen mit auf den Weg geben möchten. Wenn Sie Pate eines Kindes werden, so beobachten Sie das Kind, nehmen Sie es bewusst wahr, sprechen Sie mit ihm, und schreiben Sie den Segen dann auf. Sie werden in diesem Büchlein einige Anregungen finden, doch der Segen, den Sie für einen anderen Menschen in Ihrem Herzen empfinden, ist ein großes Geschenk.

Probieren Sie es aus: Legen Sie eine Hand auf Ihr Herz. Fühlen Sie Ihr Herz. Ist es offen oder geschlossen? Ist es weit oder eng? Fühlen Sie, wie Ihr Herz zu erblühen beginnt wie eine wunderschöne Rose. Nun fühlen Sie das Herz des Menschen, für den Sie einen Segen schreiben möchten. Fühlen Sie die liebende Verbindung von Ihrem Herzen zum Herzen dieses Menschen. Stellen Sie sich vor, wie sie heller und strahlender und weiter wird. Vielleicht können Sie das höhere Wesen des anderen Menschen wahrnehmen. Sie können es fragen, was es braucht und sich wünscht. Vielleicht spüren Sie auch, was der Mensch braucht, was er sich wünscht, was seine Talente und Fähigkeiten sind und was Sie ihm auf seinen Weg mitgeben möchten. Schreiben Sie den Text auf.

Die Göttliche Mutter spricht: »Ich liebe dich.«
Der Göttliche Vater spricht: »Ich segne dich und bin stolz
auf dich.«
Das Große Geheimnis spricht: »Gehe deinen Weg,
gehe deinen Weg, gehe deinen Weg.«

Jeanne Ruland

Bei einer Segenszeremonie ist der Segen von Mutter und Vater besonders wichtig. Kann oder will eine dieser beiden Bezugspersonen nicht anwesend sein, so wählen Sie einen würdigen Stellvertreter, der dem Kind anstelle des Elternteils den Segen gibt.

Nehmen Sie sich als Elternteil Zeit, und überlegen Sie sich, was Sie Ihrem Kind als Segen geben und sagen möchten. Schreiben Sie es auf.

Den eigenen Platz im Leben einnehmen

Der erste Platz, den wir einnehmen sollten, ist unser Platz im Leben.

  Jeanne Ruland

*Kehret zurück, ihr Brüder und Schwestern des Lichtes,
auf den Platz, der euch gebührt
 – vom Leben selbst gegeben
und mit dem ersten Atemzug gesegnet.
Ihr seid jetzt bereit – indem ihr euch erhebt
in eure wahre Kraft, als spirituelle Wesen –,
eine neue Erde zu erschaffen,
indem ihr altes und neues Wissen miteinander vereint
und von eurem Platz aus in die Welt sendet.*

  El Morya

Viele von uns fühlen sich nicht willkommen, sondern fremd, nicht gesegnet oder ungewollt. Sie stehen beispielsweise auf einem fremden Platz oder stellvertretend auf dem Platz eines fehlenden Elternteils, eines Verstorbenen oder mit Elternteilen auf einem Platz. Sie kämpfen die meiste Zeit ihres Lebens einen Kampf, der nicht der ihre ist, und sie haben nicht die Lebensenergie zur Verfügung, die sie brauchen, um ihrer Bestimmung folgen zu können. Sie empfinden sich immer wieder als Opfer ihrer Lebensumstände und machen andere dafür verantwortlich, dass es in ihrem Leben »nicht so läuft«. Sie vergleichen sich mit anderen und hadern mit ihrem Schicksal. Sie sehen sich nicht im Zentrum ihres Lebens, sondern schaffen die Zentren ihres Lebens außerhalb ihrer selbst. Die Wahrheit aber ist: Alle Kraft kommt von innen. Im Zentrum aller Dinge gibt es einen unermesslichen unsichtbaren Punkt. Kraftvoll, ewig, pulsierend.

Eine Segenszeremonie bringt uns auf den Platz, der uns gegeben wurde, einfach weil wir jetzt hier sind. Wir alle haben unseren Platz in der Schöpfung, sonst wären wir nicht hier.

Haben Sie Ihren Platz schon eingenommen?
Können Sie Ihrem Kind auf den Platz verhelfen, der für es vorgesehen ist?

Ich bin nicht euer Kind.
Ich bin ein Kind der Sehnsucht des Lebens nach sich SELBST.
Ich komme durch euch, aber nicht von euch.
Obwohl ich mit euch bin, gehöre ich euch nicht.
Ihr dürft mir eure Liebe geben, aber nicht eure Gedanken,
denn ich habe meine eigenen Gedanken.
Ihr dürft meinem Körper eine Wohnstätte geben,
jedoch nicht meiner Seele.

Meine Seele wohnt in dem Haus von morgen,
das ihr nicht besuchen könnt,
noch nicht einmal in euren Träumen.
Ihr könnt euch bemühen, zu sein wie ich,
aber trachtet nicht danach, mich euch gleichzumachen.
Das Leben fließt nicht zurück, noch verweilt es im Gestern.
Ich bin der Lebensstrom von heute, der in das Morgen fließt.

Khalil Gibrans Gedicht »Von den Kindern«
frei wiedergegeben von einem Kind an seine Eltern

Wir alle sind Söhne und Töchter der Sehnsucht des Lebens nach sich SELBST. Dieses Leben kann sich entfalten, wenn wir den Platz einnehmen, den es uns schenkt. Die Lebensenergie fließt von den Ahnen zu den jetzt lebenden Menschen und weiter in die nächste Generation. Sie verweilt nicht im Gestern, sondern fließt nach vorn. Jede Generation hat ihren eigenen Auftrag. Der Blick ist weit, frei und offen.

Hier nun eine kurze Beschreibung des Energieflusses in einer Ursprungsfamilie. Die Energie fließt frei aus den Linien der Ahnen in den Kreis der jetzt lebenden Menschen und weiter in die nächste Generation.

Links – linke Seite – die Linie der Mutter
Großeltern
Mutter
(Tochter, Enkelin, Urenkelin)

Rechts – rechte Seite – die Linie des Vaters
Großeltern
Vater
(Sohn, Enkel, Urenkel)

Links steht Ihre Mutter, rechts steht Ihr Vater.
Sie stehen, evtl. mit Geschwistern, in der Reihe Ihrer Generation und schauen in Ihr Leben. Sie nehmen Ihren Platz ein.
Neben Ihnen steht Ihr Lebenspartner oder der Vater Ihres Kindes/Ihrer Kinder.
In der Generation nach Ihnen steht/stehen Ihr Kind/Ihre Kinder.

Beginnen wir zunächst einmal mit Ihnen, den Eltern. Die beiden nächsten Übungen sind für Sie selbst gedacht. Meine Empfehlung ist die, dass Sie sich zunächst selbst ausrichten und dann aus der inneren Kraft heraus die Segenszeremonie gestalten. Wenn Ihnen die Übungen nicht zusagen, lesen Sie einfach weiter auf Seite 55.

Bei der folgenden Übung brauchen Sie jemanden, der Sie begleitet, zudem einen Stellvertreter für den Vater und einen Stellvertreter für die Mutter. Außerdem wäre es gut, wenn einige weitere Leute zugegen wären.

Der Platz im Kreise der jetzt lebenden Menschen

Legen Sie sich mit einem Tuch einen Kreis, oder legen Sie einen runden Teppich auf den Boden. Dieser Kreis symbolisiert Ihren Platz. Stellen Sie sich vor Ihren Platz. Die Person, die Sie begleitet, nimmt eine Ihrer Hände und spricht zu Ihnen:

»Es gab Menschen, die vor uns gelebt haben, es gibt Menschen, die jetzt mit uns leben, und es wird Menschen geben, die nach uns leben. Weil du mit deinem ersten Atemzug das Leben gewählt hast und das Leben ›JA‹ zu dir gesagt hat – denn keine Kraft der Welt hätte dich in dieses Leben erwecken können, wenn du nicht geatmet hättest, noch nicht einmal deine Eltern –, hast du einen Platz im Kreise der jetzt lebenden Menschen. Bist du bereit, diesen Platz jetzt voll und ganz und in deiner ganzen Größe einzunehmen?«

(Warten Sie einen Moment, bis ein »Ja« kommt. Kommt kein »Ja«, so reicht es fürs Erste, zu wissen, dass es diesen Platz gibt und dass er darauf wartet, voll und ganz eingenommen zu werden. Den Zeitpunkt dafür bestimmen Sie selbst. Respektieren und achten Sie Ihre Entscheidung.)

Folgt ein »Ja«, dann spricht die begleitende Person:

»Dann gehe jetzt auf deinen Platz, ganz in deine Mitte.«

Geben Sie sich Zeit und Raum, den Platz, den das Leben Ihnen schenkt, voll und ganz einzunehmen und zu spüren, auch den Freiraum und die Entfaltungsmöglichkeiten, die Sie auf diesem Platz haben. (Bitte lassen Sie sich wirklich die Zeit, die Sie brauchen, denn es werden viele subtile Prozesse in Gang gesetzt.)

Dann können Sie noch schauen, welcher Satz sich in Ihrem Herzen bildet, wie z. B. »Ich bin wieder da«, »Ich bin da«, »Ich bin bereit« oder »Ich nehme meinen Platz jetzt wieder voll und ganz ein«.

Jeder von uns hat einen biologischen Vater und eine biologische Mutter, ob wir ihn oder sie kennen oder nicht. In geistiger Hinsicht ist nichts dem Zufall überlassen. Auf den höchsten Ebenen hat aus der Liebe heraus eine Zusammenkunft der Seelen und eine Absprache der Elternschaft stattgefunden. Ziel war es, dass eine bestimmte Seele hier bestimmte Erfahrungen würde machen können, und diese

Absprache konnte sich nur in Übereinstimmung mit einem höheren Plan auf der Erde manifestieren.

Wir kommen aus der Liebe,
und wenn wir die Liebe wieder sehen,
kommen wir nach Hause.

  Jeanne Ruland

MUTTER links

Drehen Sie sich jetzt noch einmal in die Vergangenheit. Schauen Sie zu Ihrer Mutter. Vielleicht können Sie ihre Energie wahrnehmen (ob Sie sie kennen oder nicht, spielt keine Rolle).

Fragen Sie sich: »Was wollte meine Mutter mir von ihrer höchsten Ebene geben?« (Diese Ebene hat sie vielleicht nie entfaltet, weil sie selbst verstrickt war, im Opfersein verharrte, ihre wahre Kraft nicht lebte oder anderen die Verantwortung für ihre Lebensgestaltung gab – und dennoch hat sie diese höchste Ebene.)

Formen Sie Ihre Hände vor Ihrem Herzen zu einer Schale, und schauen Sie, was Ihre Mutter Ihnen symbolisch in diese Schale legt. Können Sie dieses Geschenk annehmen?

Wenn »Ja«, so nehmen Sie es in Ihr Herz. (Führen Sie die Schale dabei symbolisch zu Ihrem Herzen).

Wenn »Nein«, so legen Sie es neben Ihren Kreis. Es ist in Ordnung.

Fragen Sie dann: »Warum bin ich in das Leben meiner Mutter gekommen? Warum habe ich mir diese Mutter gewählt? Was wollte ich ihr geben, bringen? Was wollte ich lernen?«

Wenn Sie fühlen, was Sie ihr geben wollten, dann lassen Sie es symbolisch zu ihr fließen. Bitten Sie nun Ihre Engel, all die Energieverbindungen zu lösen, die Ihnen und Ihrer Mutter nicht mehr dienen, und sie in den Strom der Liebe zurückzugeben. Bedanken Sie sich für das Wirken. Verneigen Sie sich dann von Herz zu Herz, von Geist zu Geist, von Seele zu Seele. Seien Sie gewiss, dass die Energie ausgetauscht ist.

VATER rechts

Drehen Sie sich noch einmal in die Vergangenheit. Schauen Sie zu Ihrem Vater (ob Sie ihn gekannt haben oder nicht, spielt keine Rolle). Vielleicht können Sie seine Energie wahrnehmen.

Fragen Sie sich: »Was wollte mein Vater mir von seiner höchsten Ebene geben?« (Diese Ebene hat er vielleicht nie entfaltet, weil er selbst verstrickt war, im Opfersein verharrte, seine wahre Kraft nicht lebte oder anderen die Verantwortung für seine Lebensgestaltung gab – und dennoch hat er diese höchste Ebene.)

Formen Sie Ihre Hände vor Ihrem Herzen zu einer Schale, und schauen Sie, was Ihr Vater Ihnen symbolisch in diese Schale legt. Können Sie dieses Geschenk annehmen?

Wenn »Ja«, so nehmen Sie es in Ihr Herz. (Führen Sie die Schale dabei symbolisch zu Ihrem Herzen).

Wenn »Nein«, so legen Sie es neben Ihren Kreis. Es ist in Ordnung.

Fragen Sie dann: »Warum bin ich in das Leben meines Vaters gekommen? Warum habe ich mir diesen Vater gewählt? Was wollte ich ihm geben, bringen? Was wollte ich lernen?«

Wenn Sie fühlen, was Sie ihm geben wollten, dann lassen Sie es symbolisch zu ihm fließen. Bitten Sie nun Ihre Engel, all die Energieverbindungen zu lösen, die Ihnen und Ihrem Vater nicht mehr dienen, und sie in den Strom der Liebe zurückzugeben. Bedanken Sie sich für das Wirken. Verneigen Sie sich dann von Herz zu Herz, von Geist zu Geist, von Seele zu Seele. Seien Sie gewiss, dass die Energie ausgetauscht ist.

Wenn andere Bezugspersonen, männliche oder weibliche, Sie in Ihrer Kindheit ausschlaggebend geprägt haben, so können Sie auch sie herbeibitten und schauen, was sie Ihnen geben wollten und was notwendig ist, damit die Energieverbindungen mithilfe der Geistigen Welt gelöst und für alle Beteiligten frei werden können.

(Wenn Sie mehrere Kinder haben, dann wiederholen Sie den folgenden Teil für jedes Ihrer Kinder.)

Nun drehen Sie sich wieder in Ihr Leben. Schauen Sie, was Sie dort für sich ordnen und wem Sie vergeben können. Schauen

Sie als Mutter oder als Vater dann auf das Leben Ihres Kindes, das seinen Weg hier gehen wird.

Schauen Sie zu Ihrem ersten Kind. Legen Sie eine Hand auf Ihr Herz, und fragen Sie sich: »Was möchte ich meinem Kind mit auf den Weg geben?« Wenn Sie fühlen, was es ist, dann lassen Sie diese Energie symbolisch genau zu Ihrem Kind fließen.

Fragen Sie sich, warum Ihr Kind in Ihr Leben gekommen ist und was es Ihnen bringen oder schenken wollte. Formen Sie Ihre Hände vor Ihrem Herzen zu einer Schale. Warten Sie einen Moment, und schauen Sie, was Ihr Kind Ihnen symbolisch in diese Schale legt. Können Sie dieses Geschenk annehmen?

Wenn »Ja«, so nehmen Sie es in Ihr Herz. Verneigen Sie sich von Seele zu Seele, von Herz zu Herz, von Geist zu Geist. Vielleicht können Sie das Potenzial, die geistige Kraft Ihres Kindes fühlen. Segnen Sie seinen wahren Kern mit Ihrer Liebe:

»Ich segne dich, ich liebe dich. Gehe deinen Weg mit meiner Liebe.«

Nun wissen Sie, dass Sie Ihren Platz haben. Immer wenn Sie spüren, dass Sie ihn verlassen haben oder sich gerade wieder auf andere Plätze begeben, kommen Sie im Geiste auf Ihren Platz zurück, und verankern Sie sich ganz in Ihrer Mitte. Sie werden mit der Zeit fühlen, dass Sie stabiler, kraftvoller, geerdeter und zuversichtlicher sind und mehr auf Ihr Selbst hören – auf Ihr wunderbares inneres Wesen.

Sie wissen jetzt, was Sie mit Ihrem Kind verbindet und was Sie ihm an der Segenszeremonie mit auf den Weg geben können.

Sich mit seinem wahren Ursprung verbinden

Da die Eltern im Leben eines Kindes elementar sind, biete ich Ihnen hier eine Meditation an, die man zu zweit machen kann, um sich mehr und mehr mit seinem wahren Ursprung zu verbinden.

Ich habe viele Biografien über Meisterinnen und Meister gelesen und dabei festgestellt, dass es in den Lebensverläufen viele Ähnlichkeiten gab. Einer der wesentlichen Schritte, die ein Mensch auf dem Weg in die Selbstmeisterung und eigene Lebensgestaltung macht, ist die Lösung von den irdischen Eltern.

Von einem gewissen Zeitpunkt an sind wir in der Lage, unser Leben selbst zu gestalten. Dann ist es wichtig, dass wir uns bei unseren Eltern in Wertschätzung für alles, was sie uns mitgegeben haben, bedanken, alte Erinnerungen heilen, vergeben und erlösen und unser Leben in die eigenen liebenden Hände nehmen. Durch eine Ablösungszeremonie ist man in der Lage, seinen Eltern auf einer anderen Ebene, von Seele zu Seele zu begegnen und gemeinsam zu wachsen. Das ist für beide Seiten vorteilhaft.

Früher gab es Übergangszeremonien und Rituale, bei denen die Jungen in den Kreis der Männer aufgenommen wurden und die Mädchen in den Kreis der Frauen. Das Elternhaus blieb bestehen, hatte aber nicht mehr die gleiche Bedeutung und Kraft wie in der Kindheit. Heute fehlen diese Übergangsriten meist, und so bleiben wir in Mustern und Glaubensvorstellungen der Kindheit gefangen. Aufgrund dessen machen wir oft unsere Eltern und unsere Kindheit für unsere gesamten Lebensumstände verantwortlich, anstatt unser Leben aus uns selbst heraus zu formen. Unsere Eltern sind Kinder ihrer Zeit und in bestimmten Lebensumständen groß geworden. Wir sind Kinder unserer Zeit mit ganz anderen Möglichkeiten und Lebensumständen. Unsere Kinder sind wiederum Kinder ihrer Zeit.

Wir haben viele Werkzeuge und Möglichkeiten zur Lebensgestaltung erhalten. Nutzen wir sie doch gegenwärtig, um uns aus der Liebe neu zu erschaffen.

Verbindet euch mit dem liebenden Prinzip
eurer kosmischen Eltern.
Euer wahrer Ursprung ist Liebe
und wird wieder vollkommen Liebe sein.
Seht, wie männlich und weiblich sich in euch
in Liebe vereinen, sich verbinden, eins werden,
heil werden, ganz werden.
Das ist die Alchemie der Liebe.
Kehret heim in die Liebe.

Ich begleite euch mit sehr vielen Helfern der Geistigen Welt,
den Meistern und Meisterinnen des Lichtes,
die diesen Weg vor euch beschritten haben.
Ich sende euch das violette Feuer der Wandlung
und alle Kräfte, die ihr benötigt,
um Frieden, Heilung, Vergebung und Erlösung zu bringen
und euch dauerhaft in einen neuen Zustand des Glückes
zu erheben.

Saint Germain

Meditationsreise zum kosmischen Vater und zur kosmischen Mutter

Bereiten Sie sich auf diese Reise vor. Schaffen Sie sich einen Platz, an dem Sie einige Zeit ungestört sein können. Bitten Sie jemanden, dem Sie vertrauen, Ihnen diese Meditation langsam vorzulesen, oder sprechen Sie sie auf Band. Suchen Sie sich eine wunderschöne Hintergrundmusik heraus, die Sie erhebt und trägt.

Zünden Sie Kerzen an. Eine für Sie selbst, eine für Ihre kosmische Mutter, eine für Ihren kosmischen Vater und gegebenenfalls eine für die Person, die Sie begleitet, indem sie Ihnen diese Meditation langsam vorliest.

Für Menschen, die in der schamanischen Reise geübt sind, ist es auch möglich, auf dem Klang der Trommel eine Reise in die Obere Welt zu machen, um den kosmischen Eltern zu begegnen.

Die folgende Meditation führt Sie in die Obere Welt, in die ewigen Gefilde des Lichtes, in Ihre wahre Seelenheimat. Dort werden Sie Ihre kosmischen Eltern treffen. Auch während Ihnen der Text vorgelesen wird, kann auf der inneren Ebene etwas ganz anderes geschehen, Dinge, die nicht in dem Text geschrieben stehen. Deswegen ist es wichtig, beim Lesen Pausen zu machen, damit geschehen kann, was geschehen will.

Noch ein Wörtchen zur Wahrnehmung: Wir haben viele Arten der Wahrnehmung. Einige von uns sehen innere Bilder, andere fühlen die Ereignisse eher, wieder andere wissen plötzlich ganz genau, was Sache ist. Vertrauen Sie Ihrem Kanal der Wahrnehmung, er ist für Sie der richtige. Bevor Sie in die Meditation gehen, nehmen Sie sich ein paar Minuten Zeit, und überlegen Sie sich, was Sie von Ihren kosmischen Eltern erfahren wollen, was Ihnen auf der Seele brennt. Schreiben Sie sich Ihre Fragen auf. Je fokussierter und ausgerichteter Sie sind, desto klarer können die Antworten sein, die Sie erhalten.

Die Reise zu den kosmischen Eltern ist die Reise zu Ihrem Ursprung, zur Quelle, aus der Sie stammen. Die biologischen Eltern oder Ihre Vorfahren haben damit oft wenig zu tun. Aus dieser Ebene können Sie jedoch viel Heilung erfahren und einige Erkenntnisse über Ihren biologischen Ursprung erlangen.

Sie können sich ein Tuch über die Augen legen und eine ganz entspannte Haltung einnehmen. Ich habe die Meditations-reise in der Du-Form geschrieben, weil dies persönlicher ist und uns auf einer Reise mehr öffnet.

Die Reise beginnt …

Nimm drei tiefe Atemzüge, und komme immer mehr zu dir. Mit jedem Einatmen nimmst du kosmische Energie auf, und mit jedem Ausatmen lädt sich dein Energiefeld mehr auf.

Du fühlst, wie du tiefer in den Raum deines Herzens hinein-sinkst. Du merkst, wie sich ein wunderschöner Weg zu dei-nem geborgenen Ort in deinem Inneren bildet.

Du beginnst, diesen Pfad entlangzuwandern.

Du nimmst plötzlich einen ganz intensiven Geruch wahr. Wonach riecht es?

Dann nimmst du einen Geschmack wahr. Was schmeckst du? Ein Geräusch wird lauter und lauter. Was hörst du?

Du fühlst auf dem Weg einen Gegenstand. Wie fühlt er sich an?

Du nimmst eine Energiebewegung wahr, die dich ganz in das Zentrum deines inneren Gartens führt. Du öffnest dein inneres Auge und siehst das Zentrum deines inneren Gartens. Du gehst nun ganz in deine Mitte und dehnst dich nach allen Seiten in deine wahre Größe hinein.

Du bittest einen deiner inneren Helfer, das kann ein Krafttier, ein Engel, ein Heiler sein, nun zu dir. Du begrüßt diesen geistigen Helfer auf deine Weise.

Er führt dich zu einer Quelle. Du schaust an deinem Seelenkleid hinab. Wie sieht es aus? Welche Farbe hat es? Ist es heil oder zerschlissen? Du darfst es jetzt abstreifen und in die Quelle steigen, so, wie Gott dich schuf. Genieße das Bad in dem erquickenden, sauberen Wasser. Fühle, wie alles von dir abgewaschen wird und wie du dich wacher und frischer fühlst.

Langsam wird es Zeit, aus der Quelle hinauszusteigen. Du erhältst von deinem geistigen Helfer ein neues Seelengewand, das zu deiner Energie passt und sie strahlen lässt. Du gehst zu einem Platz, von dem aus du leicht in die Obere Welt gelangen kannst. Du fühlst, wie du sanft und leicht nach oben gezogen wirst und durch die Wolkendecke hindurchgleitest. Du bist in der Oberen Welt angelangt. Vor dir siehst du eine wunderschöne, überirdisch strahlende Landschaft. Du weißt, du bist zu Hause. In der Ferne erkennst du zwei strahlende Lichtpunkte. Es zieht dich leicht und mühelos mit deinem geistigen Begleiter genau dorthin. Deine himmlischen Eltern begrüßen dich auf ihre Weise. (Pause)

Von ihnen stammt die Energie deiner Seele. Reine Liebe und strahlendes Licht durchfluten dich bei der Begrüßung. Sie haben dich schon erwartet.

Deine himmlische Mutter wiegt dich in ihren Armen. Sie fragt dich, was du so sehnlich vermisst hast und wie es dir ergangen ist. Du fühlst, wie dein altes Mutterbild sich langsam wandelt und auflöst. Sie überreicht dir ein Geschenk. Du nimmst das Geschenk deiner kosmischen Mutter an und fühlst, wie es in deine gesamte linke Seite hineinfließt und dich auflädt und segnet. Du fühlst eine tiefe Dankbarkeit.

Dann treffen sich dein Blick und der Blick deines himmlischen Vaters. Liebe, Freude und Wärme strömen dir entgegen. Er nimmt dich in seine liebenden Arme und fragt dich, was du auf der Erde so sehnlich im väterlichen Teil vermisst hast und wie es dir ergangen ist.

Du fühlst, wie dein altes Vaterbild sich langsam wandelt und auflöst. Er überreicht dir ein Geschenk. Du nimmst das Geschenk deines kosmischen Vaters an und fühlst, wie es in deine gesamte rechte Seite hineinfließt, dich auflädt und segnet. Du fühlst Segen und Heilung.

Nun bemerkst du eine Energiebewegung zwischen deinen beiden Seiten. Eine sanfte, wiegende Bewegung. Du bemerkst, wie die linke und die rechte Seite sich miteinander verbinden, sich harmonisieren und immer mehr eins werden. Deine kosmischen Eltern segnen dich auf ihre Weise. (Pause)

Nun hast du Zeit, dort zu verweilen und deine himmlischen Eltern nach deiner Lebensaufgabe zu fragen. Warum bist du auf die Erde gekommen? Warum hast du dich in diese Familie inkarniert? Was gab es für dich dort zu erfahren? Welche Aufgabe ist für dich vorgesehen? (Pause)

Du fühlst, wie die Energiefäden zwischen dir und deinen irdischen Eltern gelöst und neu ausgerichtet, gewebt und verbunden werden. Dein himmlischer Helfer unterstützt diese Harmonisierung der Energieverbindungen. Es tut dir gut. Heilung geschieht. Du fühlst dich frei und klar, frisch und neu.

Nun fragst du deine kosmischen Eltern, was für die Segenszeremonie deines Kindes/deiner Kinder zu beachten ist. Was antworten oder zeigen sie dir? (Pause)

Deine kosmischen Eltern geben dir ein Geschenk für die bevorstehende Segenszeremonie. Du fühlst, wie der Segen, die Liebe und die Kraft zu deinem Kind/deinen Kindern fließen. (Pause)

Auch hier werden die Energieverbindungen mithilfe deines geistigen Helfers auf harmonische Weise gelöst und neu zusammengefügt. (Pause)

Deine kosmischen Eltern geben den Blick frei auf den wahren Kern deines Kindes/deiner Kinder. Du siehst seine/ihre Schönheit, seine/ihre Energie, seine/ihre Seelenfarben, seine/ihre Kraft und seine/ihre Stärke. (Pause)

Du bedankst dich für alles, was du erfahren konntest und was dir gezeigt wurde, und nimmst Abschied in dem Wissen, dass du dich jederzeit an deine kosmischen Eltern wenden kannst. Sie geleiten dich mit deinem geistigen Helfer an den Ausgang.

Sanft und langsam fühlst du die Abwärtsbewegung und landest im Zentrum deines inneren Gartens. Du verankerst mit deinem geistigen Helfer die Geschenke in deinem inneren Garten und erlebst, wie dieser sie auf kraftvolle Weise zu verändern beginnt.

Du bedankst dich für die Unterstützung deines geistigen Helfers und fragst, ob du noch etwas für ihn tun kannst. (Pause)

Ihr verabschiedet euch voneinander in dem Wissen, dass ihr immer in Liebe verbunden sein werdet. Du schaust dich noch einmal an deinem inneren Ort um und fühlst, wie der Segen nun in die äußeren Ebenen fließt.

Ganz allmählich öffnest du in deinem Tempo die Augen und kehrst wieder ganz zurück an den Ort, an dem du dich gerade befindest.

Nimm dir Zeit, und notiere deine Erfahrungen. Du kannst diese Meditation gern mehrmals durchführen und so auf der inneren Ebene Antworten für die bevorstehende Segenszeremonie empfangen.

Der Weg der Vorbereitung

Die Gruppe, bestehend aus den Eltern, der Zeremonieleitung, den Paten und dem Kind (wenn es groß genug ist), kann schauen, welchen Weg sie in der Vorbereitungszeit wählen möchte, um sich dem Kern der Segenszeremonie zu nähern.

Kleine Einstimmung

Am besten setzen sich alle zusammen, stimmen sich mit einer kleinen Meditation (ich habe sie wieder in der persönlichen Anrede geschrieben) auf die Zeremonie ein, beantworten die Fragen gemeinsam und finden so heraus, wie dieser besondere Tag für das Kind und zum Wohle aller am besten ablaufen kann.

Ihr könnt einfach in der Stille oder bei ruhiger Hintergrundmusik zusammensitzen. Nehmt euch alle an den Händen. Fühlt, wie die Energie von Herz zu Herz zu Herz fließt und ein Kreis sich bildet, der bereit ist, einen Menschen hier auf der Erde willkommen zu heißen. Fühlt eure Bereitschaft dazu.

Stimmt euch auf das Kind ein, das ihr im Kreise der jetzt lebenden Menschen willkommen heißen wollt. Ihr könnt laut oder leise oder in verschiedenen Tonlagen seinen oder ihren Namen summen oder singen und die Schwingung des Namens fühlen.

Löst nun die Hände. Schließt eure Augen. Nehmt ein paar tiefe Atemzüge, und kommt ganz zu euch. Legt die Hände auf euer Herz, und fühlt euren Herzensraum.

Nun bittet jeder von euch seine geistige Führung und die lichtvolle Führung des Kindes herbei. Vielleicht fühlt ihr sie, seht sie. Nehmt sie auf eure Weise wahr. Bittet nun um den Segen für … (Name des Kindes). Fühlt, wie der Segen einströmt. Fragt nun eure jeweilige geistige Führung, was für die Segenszeremonie für … (Name des Kindes) wichtig ist. Schaut, was sich euch zeigt, was euch gesagt oder überreicht wird. (Pause)

Kommt in eurem Tempo zurück in den Raum. Erzählt euch, was ihr erfahren, erlebt und gefühlt habt, schreibt es auf, und baut diese Elemente in die Segenszeremonie ein.

Fragen zum Kind

Nehmen Sie sich allein oder gemeinsam mit anderen Zeit. Sie brauchen einen Zettel und einen Stift. Beschäftigen Sie sich mit dem Werdegang Ihres Kindes von der Zeit der Empfängnis (vielleicht auch schon vor der Empfängnis) bis zum heutigen Tag.

- ✧ Wie war es, als Sie erfuhren, dass Sie Mutter/Vater werden würden?
- ✧ Welche Ereignisse haben sich in der Schwangerschaft wiederholt oder sind Ihnen besonders aufgefallen?
- ✧ Gab es Tiere, von denen Sie besonders in der Schwangerschaft begleitet wurden?
- ✧ Gab es Pflanzen oder Mineralien, die Ihnen besonders lieb waren?
- ✧ Gibt es Träume, an die Sie sich erinnern, oder einschneidende Erlebnisse?
- ✧ Gibt es ein Lied, ein Buch, Speisen, Getränke, Gerüche, Lieblingsfarben, das oder die Sie in der Schwangerschaft besonders wahrgenommen haben?
- ✧ Gab es Menschen, die mit der Schwangerschaft in Ihr Leben getreten sind oder sich verstärkt für die Schwangerschaft interessiert, sich darüber gefreut haben?
- ✧ Wie war der Geburtsverlauf?
- ✧ Was war die erste »Amtshandlung« Ihres Kindes?
- ✧ Was war Ihr erstes Gefühl, Ihr erster Gedanke, als Sie Ihr Kind im Arm hielten?

- ✧ Was ist Ihnen an Ihrem Kind ganz besonders aufgefallen?
- ✧ Welchen Spruch haben Sie für die Geburtskarte ausgesucht?
- ✧ Wer kam zuerst zu Besuch, um den neuen Erdenbürger zu begrüßen?
- ✧ Was schätzen Sie an Ihrem Kind am allermeisten?
- ✧ Was hat das Kind Ihnen gezeigt, mitgebracht, gespiegelt?
- ✧ Was hat Sie am meisten überrascht?

Fragen an das Kind (wenn es alt genug ist)

- ✧ Welche Farben magst du am liebsten?
- ✧ Welche Tiere, Pflanzen und Steine magst du?
- ✧ Was ist dein Lieblingssymbol?
- ✧ Welches Lied ist dein Lieblingslied?
- ✧ Welche Lieder wünschst du dir bei der Zeremonie?
- ✧ Welchen Segensspruch möchtest du für deinen Lebensweg?
- ✧ Welche Paten kannst du dir gut vorstellen?
- ✧ Was ist dir wichtig, wenn wir diese Zeremonie machen?

Fragen speziell in Bezug auf die Segenszeremonie

- ✧ Wie ist der Name des Kindes gefunden worden? Gibt es dazu eine besondere Geschichte?

- ◇ Welches Lied, welcher Segensspruch, welche Kurzgeschichte passt zu dem Kind?
- ◇ Was fällt uns an dem Kind besonders positiv auf?
- ◇ Was sind seine Stärken, Qualitäten und Talente?
- ◇ Welche Symbole und Worte können wir auf die Lebenskerze bringen?
- ◇ Welche Elemente spielen für das Kind eine Rolle?
- ◇ Was ist das Besondere an der Verbindung zwischen dem Kind und seinen Paten?
- ◇ Wie wollen wir diese Zeremonie zusammen gestalten? Was ist uns wichtig?

Wenn Sie astrologisch bewandert sind, können Sie das Geburtshoroskop des Kindes einbeziehen und so ein günstiges Datum für die Zeremonie finden.

PLANUNG UND DURCHFÜHRUNG EINER SEGENSZEREMONIE

Da werden Hände sein, die dich tragen,
Arme, in denen du sicher bist,
und Menschen, die dir, ohne zu fragen, zeigen,
dass du herzlich willkommen bist.

  Khalil Gibran

Wer sagt, es gäbe keine Wunder auf dieser Welt,
hat noch nie die Geburt eines Kindes erlebt.

  unbekannt

In diesem Teil des Buches gebe ich Ihnen ein paar Anregungen zur Gestaltung einer Segenszeremonie. Sie können selbst wählen, welche Bausteine Sie übernehmen möchten und welche Sie mit anderen Inhalten füllen wollen. Schauen Sie einfach, wie es für Ihre Lebenssituation passt.

Vorbereitungen

Datum und Uhrzeit

Der richtige Zeitpunkt für eine Segenszeremonie kann, wie bereits erwähnt, entweder astrologisch berechnet oder aus dem Gefühl gewählt werden.

Ort der Segenszeremonie

Da dieser Tag ein ganz besonderer Tag für das Kind und alle Beteiligten ist, sollte auch ein geeigneter Ort gefunden und eine Atmosphäre geschaffen werden, die dieser Zeremonie würdig ist.

Wir haben unsere Zeremonie (für unsere drei Kinder und zwei von Freunden) im Sommer in unserem Garten gemacht und für den Fall eines Regenschauers ein schönes Zelt aufgebaut. Bänke und Stühle haben wir in einem Kreis aufgestellt. Für die Paten haben wir in den vier Himmelsrichtungen jeweils ein Tischchen in der Farbe des Elementes aufgebaut und in der Mitte des Kreises den Tisch für den Zeremonieleiter und den/die Ätherpaten, mit der Kerze, Blumen und einer Schale Wasser darauf (nähere Informationen erhalten Sie auf den folgenden Seiten unter dem Stichwort »Paten«).

Leiter/in der Segenszeremonie

Als Eltern ist man sehr aufgeregt und emotional, wenn es um das eigene Kind geht. Aus Erfahrung kann ich sagen, dass es gut ist, wenn man die Leitung einer Segenszeremonie einem vertrauenswürdigen Menschen überlassen kann. So können die Eltern für ihren Part ganz und gar da sein und müssen nicht noch tausend andere Dinge im Kopf haben. Es können auch zwei Menschen oder mehr die Zeremonie leiten. In alten Naturzeremonien waren oft ein Mann und eine Frau die Leiter, symbolisch für das Yin und Yang der Schöpfung. Prüfen Sie einfach, was sich für Sie gut anfühlt. Wenn eine Leitung gefunden worden ist, so werden mit ihr die einzelnen Schritte durchgesprochen, und es wird ein Ablaufplan erstellt.

Einladungskarten

Es ist gut, Einladungskarten frühzeitig zu erstellen und abzu-

senden, damit die Gäste sich den Termin vormerken und sich vorbereiten können. Auf einer Einladungskarte stehen Anlass, Ort, Datum, Uhrzeit, evtl. Mitzu-bringendes (z. B. Kuchen oder Salat für das Buffet) und die Bitte um die Bestätigung der Teilnahme an der Zeremonie.

Programmheftchen

Dies ist eine wunderbare Idee, aber kein Muss. Es können schöne kleine Programmheftchen gestaltet werden, mit einem aktuellen Foto des Kindes, dem Segens- und Taufspruch, Eckdaten, dem Ablauf der Zeremonie und Liedtexten zum Mitsingen. Ein solches Programmheftchen ist später eine schöne Erinnerung für jeden Beteiligten.

Paten

Paten können Verwandte oder Freunde sein, auf jeden Fall zum Kind passende Menschen, die sich bereit erklären, es in seiner Kindheit zu begleiten, für es da zu sein. Die Anzahl der Paten bleibt jeder Familie selbst überlassen.

In meiner Familie haben wir einen Paten für jede Himmelsrichtung ausgewählt – ganz nach dem Motto »In allen vier Ecken soll Glück für dich stecken« – und einen Hauptpaten für die Mitte. Meist ist der Hauptpate ein Blutsverwandter, der bereit ist, das Kind bei sich aufzunehmen, wenn den Eltern etwas zustoßen sollte (dies kann man im Testament offiziell vermerken). Ich habe aber auch schon Segenszeremonien mit vier Patenpärchen und einer Frau in der Mitte erlebt, also mit insgesamt neun Paten, oder Zeremonien mit fünf Paten für jede Himmelsrichtung, solche mit zwei oder drei Pärchen, die sich auf die vier Himmelsrichtungen und die Mitte verteilten, und Feiern mit zwei Paten.

Die Paten treffen sich, wie ich schon erwähnt habe, im Vorfeld mit den Eltern und der Zeremonieleitung, um sich gemeinsam mit ihnen vorzubereiten. Sie sollten sich überlegen, welcher Segen, welche Wünsche und welches Geschenk das Kind auf seiner Lebensreise begleiten sollen, und diese Ideen am besten schriftlich festhalten.

Die meisten Rituale und Zeremonien sind in Kreisform nach den vier Himmelsrichtungen und den vier Elementen aufgebaut, aber das ist kein Muss. Auf diese Weise aufgebaute Zeremonien beginnen meist im Osten.

Im **Osten** geht die Sonne auf, im Osten beginnt der neue Tag. Mit Osten assoziiert werden das Element Luft, die Farbe Gelb, Inspiration und Segen, Geist und Gedanken sowie das Schwert. Es kann ein Pate im Osten stehen oder ein Patenpärchen, das das Element Luft und die Kraft des Geistes vertritt.

Im **Süden** nimmt die Sonne ihren Lauf. Sie erreicht dort ihren Höchststand. Mit Süden assoziiert werden das Element Feuer, die Farbe Rot, die Kraft der Wandlung, Energie und Handlung sowie der Stab. Es kann ein Pate im Süden stehen oder ein Patenpärchen, das das Element Feuer und die Kraft der Handlung vertritt.

Im **Westen** geht die Sonne unter. Der Tag verabschiedet sich dort. Wir beginnen zu reflektieren. Mit Westen assoziiert werden das Element Wasser, die Farben Blau und Grün, Gefühl und Reflexion sowie der Kelch. Es kann ein Pate dort stehen oder ein Patenpärchen, das das Element Wasser und die Kraft der Gefühle vertritt.

Im **Norden** ist die Sonne nicht zu sehen. Der Nordstern leitet uns, und wir wenden uns nach innen. Mit Norden assoziiert werden das Element Erde, die Farben Grün und Braun, Talente und Fähigkeiten sowie Münzen und das Pentakel. Es kann ein Pate dort stehen oder ein Patenpärchen, das das Element Erde und die Fülle, Talente, Fähigkeiten und inneren Schätze vertritt.

In der Mitte steht der Pate, oder auch ein Pärchen, des Elements **Äther**.

Die Paten spielen bei der Segenszeremonie eine wichtige Rolle. Sie werden während der Zeremonie aufgerufen, stellen sich an ihren Platz und werden offiziell gefragt, ob sie bereit sind, das Patenamt für das Kind zu übernehmen. Das Kind wird dann zu seinen Paten geführt und bekommt von ihnen all das, was die Paten dem Kind mitgeben möchten, den Segen, das Patenversprechen und ein Geschenk. Im Gegenzug erhalten sie z. B. ein Bild von ihrem Patenkind und eine Kerze. Sie können die Zeremonie auch mit Beiträgen und Liedern aktiv mitgestalten.

Der Segensspruch

Ein Segensspruch kann dem Kind immer dann Halt und Kraft geben, wenn es in seinem Leben Herausforderungen bestehen muss. Es sollte ein Spruch sein, der mit der Seele des Kindes übereinstimmt. Sie haben hier viele Möglichkeiten und können Weisheitssprüche aus allen Kulturen und Zeiten wählen. Geeignet sind Weisheitssprüche, Zitate von Meistern, irische Segenssprüche, selbst geschriebene Sprüche oder Segenswünsche, die dem Kind schon vor seiner Geburt oder anlässlich der Geburt geschenkt oder von den Eltern ausgewählt wurden. Vielleicht gibt es einen Spruch, den Sie als Elternteil während der Schwangerschaft gehört haben, oder ein Zitat aus einem Buch, das Sie in dieser Zeit gelesen haben. Ältere Kinder können den Segensspruch selbst auswählen.

Das Lied – eine Melodie, die das Kind im Leben begleitet

Jeder von uns hat ein Lebenslied. Im Zuge einer schamanischen Ausbildung ist zum Beispiel eine der Aufgaben die, seine Lebensmelodie, sein Lebenslied zu finden, die Melodie, die einen begleitet oder die aus einem heraus entsteht.

Es kann sein, dass uns bestimmte Lieder und Melodien schon während unserer Zeit im Mutterleib begleitet haben oder dies seit unserer Geburt tun. Unser Lebenslied kann z. B. ein Kinderlied sein, ein klassisches Musikstück oder ein moderner Titel.

Wir können Lieder und Melodien aus allen Musikrichtungen wählen und sie unseren Kindern immer wieder vorspielen oder vorsingen. So wird sich das Lied finden, das sie durchs Leben tragen wird.

Bei einer Segenszeremonie werden außer dem Lebenslied auch weitere passende Lieder gespielt. Lieder in unserer Zeremonie waren z. B. »Somewhere over the Rainbow«, »Mah Nà Mah Nà«, das irische Segenslied »Möge die Straße uns zusammenführen …«, Beethovens »Für Elise« und das schöne und kraftvolle Gayatri-Mantra.

Die Lebenskerze

Eine Lebenskerze ist etwas ganz Besonderes. Wir haben für jedes unserer Kinder eine solche Kerze gebastelt und sie verziert mit den Symbolen und Wünschen, die wir mit dem Kind verbinden. Die Lebenskerze kann immer dann angezündet werden, wenn das Kind krank ist oder Unterstützung braucht.

Geschenke

Geschenke haben neben ihrem materiellen Wert immer auch eine symbolische Bedeutung. Sie zeigen Verbundenheit, symbolisieren Liebe und Kraft. So können Früchte für Fülle und Nahrung im Leben stehen, Kerzen für Licht, eine Heiligenfigur für Schutz, ein Herz für die Liebe oder ein Zauberstab für die eigene Lebensgestaltung und das Lenken der Gedanken.

Besonders schön ist es, wenn man als Pate ein Geschenk wählt, das zu dem Element passt, das man vertritt, und zu dem Text, den man bei der Zeremonie vorträgt. Bei größeren Kindern kommt als Geschenk gut an, dass man sie zu einer gemeinsamen Unternehmung einlädt – ihnen z. B. ein Gutschein für einen Kinobesuch, ein Abenteuer im Kletterwald, eine Bootstour, einen Tag im Vergnügungspark ... schenkt.

Für die Paten kann man Geschenke wählen, die die Verbundenheit stärken – ein gerahmtes Bild des Kindes, eine Kerze, einen Rosenquarz, einen Blütenlei ...

Das Erinnerungsbüchlein

Nach der Zeremonie kann man ein schönes Blankobüchlein herumreichen und alle Gäste bitten, einen Segen für das Kind hineinzuschreiben. Später kann man das Büchlein mit weiteren Texten und Liedern sowie gemalten Bildern und Fotos der Zeremonie ergänzen. So hat das Kind eine schöne Erinnerung an diesen besonderen Tag im Leben.

Weitere Gestaltungsmöglichkeiten

Eine Segenszeremonie bietet viel Raum für positive und freudvolle Handlungen.

Dies sind weitere Gestaltungsmöglichkeiten:

- während der Zeremonie gemeinsam ein Bäumchen für das Kind pflanzen
- Luftballons mit Segenswünschen in den Himmel steigen lassen
- ein Mineral, das dem Kind zugeordnet ist, mit Licht und Freude aufladen
- einen Glücksbringer herstellen
- gemeinsam ein Bild, einen Kraftschild (mit der Lieblingsfarbe, dem Lieblingstier, dem Lieblingssymbol, dem Lieblingsedelstein …) oder einen Traumfänger für das Kind basteln
- sich in einer kleinen Meditation auf das Kind einstimmen und ihm das, was man im Herzen empfangen hat, das, was man an dem Kind wirklich schätzt, sagen und dies im Kreis auch mit den anderen teilen

Wenn Sie mehrere Kinder haben, können Sie auch an einem Tag in einem größeren Rahmen für jedes Kind eine Segenszeremonie abhalten.

Die ersten Überlegungen sind nun gemacht. Nun kommen wir zum möglichen Aufbau einer Zeremonie.

Der Ablauf einer Zeremonie

Wenn wir nichts Heiliges erschaffen,
kann auch nichts Heiliges entstehen.

Jeanne Ruland

Beginn

Der Beginn der Segenszeremonie wird durch ein deutliches Signal kenntlich gemacht. Man kann eine Glocke läuten oder einen Gong schlagen.

Begrüßung

Die Zeremonieleitung begrüßt alle Anwesenden, stellt sich vor und erklärt, worum es geht.

Beispiel:

Mein Name ist …, ich leite heute … und begrüße alle, die zu diesem besonderen Ereignis zusammengekommen sind.

Man kann auch ein Rosenquarzherz (sprechendes Herz) herumreichen, und jeder Anwesende stellt sich kurz vor.

Die Leitung gibt zudem eine kurze Erklärung zum Aufbau.

Beispiel:

Das Eingangsgedicht dieses Büchleins kann vorgelesen werden, wenn es zum Ablauf passt.

Wir haben diese Zeremonie im Sonnenlauf aufgebaut.
Luft – Osten (Sonnenaufgang) – Inspiration und Klarheit – Kindheit – Pate/Patin … (Name)
Feuer – Süden (Sonnenhöchststand) – Energie und Mut – Jugend – Pate/Patin … (Name)
Wasser – Westen (Sonnenuntergang) – Reflexion, Erkenntnis – Erwachsenenzeit – Pate/Patin … (Name)
Erde – Norden (Nordstern) – Halt und Orientierung – Alter – Pate/Patin … (Name)
Äther – der/die Pate/n, zu dem/denen die Kinder kämen, wenn den Eltern etwas passieren sollte – Pate/Patin … (Name)

Wir nehmen das Kind … (Name) im Schoße der Gemeinschaft auf und geben ihm den Segen für seinen Lebensweg. Möge das Kind … den Segen auf allen Stationen seines Lebens im Lebensrad erfahren und den Kreis ganz durchwandern, seinen Lebensplan und seine Lebensaufgabe ganz und gar erfahren, viel Unterstützung erhalten, gesund und munter sein und mit Segen und Freude und in seiner Zeit die Lebensrunde in Frieden und Glück beschließen.

Ich werde Sie Schritt für Schritt durch diese Zeremonie führen.

Das Kind und seine Eltern betreten den Kreis

Das Kind und seine Eltern werden namentlich in den Kreis gerufen.

Beispiel:

Ich bitte jetzt die Eltern … (Namen) und das Kind in den Kreis.

Die Eltern betreten mit dem Kind den Kreis. Sie können das Kind z. B. gemeinsam im Arm halten und wiegen, während das Lied angestimmt wird.

Das Lied wird gesungen

Das Lied, das von dem Kind bzw. für das Kind ausgewählt wurde, wird von allen Anwesenden gesungen und kann instrumental oder durch eine CD begleitet werden.

Die Paten nehmen ihren Platz ein und legen ihr Bekenntnis ab

Die Paten werden in den Kreis gerufen und stellen sich auf ihren jeweiligen Platz. Die Zeremonieleitung stellt das Patenamt vor und fragt jeden Paten, ob er bereit ist, das Patenamt für das Kind zu übernehmen.

Die Patenschaft bildet ein besonderes Band zwischen dem jeweiligen Erwachsenen und dem Kind. Der Pate legt als Stellvertreter der Eltern, als Begleiter und besonderer Freund des Kindes das Bekenntnis ab, dass er dem Kind auf seinem Lebensweg beistehen, für es da sein wird. Er wird das Kind so beim Erwachsenwerden begleiten, wie es für ihn und das Kind stimmig ist. Der Pate übernimmt ab dem heutigen Tag eine Mitverantwortung für das Kind.

Bist du, … (Name des ausgewählten Paten), bereit, die Patenschaft für … (Name des Kindes) von Herz zu Herz, von Seele zu Seele, von Geist zu Geist und von Liebe zu Liebe zu übernehmen? So antworte mit: »Ja, ich bin bereit.«

Der Pate antwortet. Alle Paten werden reihum gefragt.

Segenshandlungen

Die Zeremonieleitung beginnt mit den Segenshandlungen. Auch dieser Teil der Zeremonie kann, wie bereits angesprochen, ganz individuell gestaltet werden. Dies ist ein möglicher Ablauf.

Bedeutung des Namens

Die Zeremonieleitung erklärt die Bedeutung des Namens des Kindes und wie die Eltern diesen Namen gefunden haben.

Beispiel:

Die Eltern haben für ihren Sohn den Namen Keanu gewählt. Keanu ist ein hawaiianischer Name und bedeutet »kühle Brise, die über dem Berg oder dem Meer weht«, was die Ureinwohner Hawaiis mit höheren Mächten bzw. Gottheiten in Verbindung brachten. »Keanu« ist also »der Kühle«. Keanu bringt frischen Wind in die Familie.

Die Eltern erzählen dann, wie sie den Namen für das Kind gefunden haben. Sie können an dieser Stelle zum Beispiel gemeinsam den Namen des Kindes singen.

Segnung

Mit etwas Wasser wird der Schleier des Vergessens weggewaschen. Dabei kann gesprochen werden.

Beispiel:

Die Segnung hilft … (Name des Kindes), sich aus dem Vergessen zu erheben, sich an die Liebe und das Licht zu erinnern, aus dem sie/er kommt, und ihr/sein Licht in die Welt zu bringen.

Das Wasser kann vorher gesegnet oder mit für das Kind passenden Essenzen energetisiert werden. Es sollte eine angenehme Temperatur haben und über das Kind gegossen oder gesprenkelt werden.

Wir waschen ab die Spuren des Vergessens
um dein eigenes Sein,
sodass du neu erstehst in deiner Gotteskindschaft,
in der Unbeflecktheit deiner ewigen Seele.
Ich taufe dich auf den Namen … (Name des Kindes)
und bitte um den Segen Gottes,
den Segen von Himmel und Erde,
damit du dein Potenzial leben kannst,
so, wie Gott dich erträumt hat,
und auf deine einzigartige Weise
deinen Himmel auf die Erde bringst.*

---

*   Dieses und alle weiteren Beispiele in diesem Kapitel stammen von Shantidevi Felgenhauer.

Eine andere Möglichkeit ist die, das Kind symbolisch mit den Elementen aus den vier Himmelsrichtungen zu segnen:

Osten (der Pate im Osten spricht) – *Ich segne dich mit dem heiligen Element Luft. Möge dein Geist klar, wach und offen sein. Möge der Wind dir alles zutragen, was du erfahren möchtest. (Das Kind wird mit einer schönen Räucherung abgeräuchert.)*

Süden (der Pate im Süden spricht) – *Ich segne dich mit dem heiligen Element Feuer. Feuer, Flamme, Licht. Mögen die heiligen Formen des Feuers dir helfen, dich auszurichten und mutig und kraftvoll deinen Weg aus deiner Anbindung zu gehen.* (Eine Kerze wird entzündet.)

Westen (der Pate im Westen spricht) – *Ich segne dich mit dem heiligen Element Wasser. Mögest du dich immer wieder reinigen von deinen irdischen Erfahrungen und dich an deine wahre göttliche Natur erinnern. Möge das Wasser des Lebens dich begleiten.* (Das Kind erhält etwas zu trinken und wird mit heiligem Wasser besprenkelt.)

Norden (der Pate im Norden spricht) – *Ich segne dich mit dem heiligen Element Erde. Möge dein Weg hier auf der Erde dir helfen, deine Talente und Fähigkeiten zu leben und zu entfalten. Mögest du genährt und beschützt sein und in Fül-*

le und Reichtum innerlich und äußerlich deinen Weg gehen.
(Das Kind erhält einen Edelstein, einen Anhänger oder eine Schatzkiste und wird mit etwas Erde berührt.)

Äther (der Pate in der Mitte spricht) – *Ich bin für dich da und nehme dich jederzeit auf. Ich bin.*

Das Kind wird von den Paten umringt, also in ihre Mitte aufgenommen, und gewiegt, vielleicht bei schöner Musik.

Die Chakren werden geöffnet und gesegnet

Beispiel:
Die Chakren werden mit Öl oder nur symbolisch mit der Hand gesalbt.

Wir segnen die Energietore deines Körpers,
sodass du im Bewusstsein deiner Gotteskindschaft
leben und dich ausdrücken kannst
in allen Bereichen deines Seins:

Erstes Chakra: Hand auf der Höhe des ersten Chakras halten

Wir segnen dein erstes Chakra,
deine Verbindung zur Erde
und zur materiellen Welt,
damit du voller Vertrauen
dein Leben leben kannst,
in der Gewissheit, dass die Erde
dich trägt und beschenkt mit allem,
was du brauchst.

Zweites Chakra: Hand auf der Höhe des zweiten Chakras halten

Wir segnen dein zweites Chakra,
dass du mit dem Leben fließen kannst
und dass du deine Gefühle leben
und deine Sinnlichkeit, Sexualität,
Kreativität in Schönheit ausdrücken
und mit anderen in Freude teilen kannst.

Drittes Chakra: Hand auf der Höhe des dritten Chakras
halten

Wir segnen dein drittes Chakra
und deinen Selbstausdruck, deine Art,
dein Licht und deine Kraft in die Welt zu bringen
und ganz du zu sein.

Viertes Chakra: Hand auf der Höhe des vierten Chakras
halten

Wir segnen dein viertes Chakra, dein Herz,
und bitten darum, dass sich das Christus-Bewusstsein
ausdrückt durch dich
und dass du deine Liebe zum Leben
voller Mitgefühl, Hingabe und Harmonie ausdrücken kannst.

Fünftes Chakra: Hand auf der Höhe des fünften Chakras
halten

Wir segnen dein fünftes Chakra,
deine Art zu kommunizieren, deine Wahrheit auszusprechen,
deinen ureigensten Selbstausdruck und deinen Klang
mit der Welt zu teilen.

Sechstes Chakra: Hand auf der Höhe des sechsten Chakras
halten

Wir segnen dein sechstes Chakra, deine Intuition,

dass du in Verbindung bleibst
mit den Dimensionen des Lichtes,
aus denen du kommst, und deiner geistigen Führung,
dir selbst vertraust und deine Weisheit entfaltest.

Siebtes Chakra: Hand auf der Höhe des siebten Chakras halten
Wir segnen dein siebtes Chakra,
deine Krone, sodass du Gottes Segen immer spüren mögest
und die Anbindung an die göttliche Liebe, die uns alle trägt,
niemals verlierst.

Die Kerze wird entzündet

Beispiel:
Nimm hin die brennende Kerze
als Symbol für dein göttliches Bewusstsein,
das Licht deiner Seele.
Nimm hin die Blumengirlande des Regenbogens
als Symbol für deine Ganzheit, die Liebe und Freude,
die deine Seele mit auf die Erde bringt.

Persönliche Worte der Paten, während sie die persönliche Kerze des Kindes über das Kind halten, können sein:

Liebe/r ... (Name des Kindes), ich halte dieses Licht über dich und verspreche dir, für dich da zu sein, dich in deiner Entwicklung zu unterstützen und dich an die Liebe und das Licht in dir zu erinnern.

Der Segensspruch

Nun kann der persönliche Segensspruch für das Kind von der Zeremonieleitung oder den Eltern vorgelesen werden.

Der Segen der Mutter:

Die Mutter gibt dem Kind ihren persönlichen Segen, ihre Wünsche und ihr Geschenk.

Der Segen des Vaters:

Der Vater gibt dem Kind seinen persönlichen Segen, seine Wünsche und sein Geschenk.

Die Runde der Paten

Nun begleiten die Eltern ihr Kind zu den Paten, oder das Kind geht selbst zu jedem Paten (je nach Alter und Wunsch des Kindes). Jeder Pate gibt seinem Patenkind das, was er ihm auf seinen Weg mitgeben möchte, den Segen, seine Wünsche und ein Geschenk. Jeder Pate bekommt dann z.B. ein Bild des Kindes und eine kleine Kerze und vielleicht noch eine Alohakette oder ein Freundschaftsbändchen als Symbol der neu geknüpften Bande.

Der Menschenkreis

Das Kind wird willkommen geheißen im Kreise der anwesenden Menschen. Nun können die Gäste dem Kind ihren Segen, ihre guten Wünsche und, wenn sie möchten, ein Geschenk geben.

Abschluss der Zeremonie

Zum Abschluss bilden die Gäste, die Paten und die Eltern einen Kreis um das Kind oder um alle anwesenden Kinder und sprechen gemeinsam einen Segen und liebe Wünsche über die Kinder und deren Lebenswege.

Beispiel:

Möget ihr alle gesegnet sein und euren Lebensplan glücklich und freudvoll erfüllen. Möget ihr auf einer Welle des Lichts getragen werden. Schön, dass es euch gibt.

Dabei können auch Lieder, die alle Menschen miteinander verbinden, gespielt werden. Alle Kinder können ein symbolisches Geschenk bekommen (ein Schokoladenherz, eine Kerze …). Es kann ganz nach Wunsch noch einmal das Lebenslied für das Kind gesungen werden oder ein weiteres Lied, das zu dem Kind passt. Man kann dazu auch mit Helium gefüllte Luftballons, versehen mit vielen guten Segenswünschen für das Kind, in den Himmel aufsteigen lassen oder Wunderkerzen anzünden.

Der Leiter eröffnet dann die nächste Runde für das nächste Kind oder beendet die Zeremonie mit abschließenden Dankesworten, einem Segen oder einem Gebet für das Kind und dessen Paten.

Gemeinsames Feiern
Danach wird gefeiert, getanzt und gemeinsam gespeist.

Ich möchte hier noch einmal betonen: Dies alles sind nur mögliche Bausteine, es sind Anregungen, Ideen. Schauen Sie, was sich aus Ihnen entfalten möchte. Schauen Sie, was Sie Ihrem Kind aus der Tiefe Ihres Herzens und Ihrer Seele mitgeben möchten. Spüren Sie den Strom der Liebe, der Sie umgibt, durchdringt und trägt. Seien Sie mutig, neue Wege zu gehen, sich zu öffnen und damit liebevolle Räume zu schaffen. Die Liebe, Freude und Kraft, die entstehen, wenn viele Menschen ihr Herz öffnen, sind das, was uns in eine neue Zeit trägt. Was *einem* Menschen guttut, tut allen gut. Es trägt nicht nur das Kind, es heilt auch die Gemeinschaft.

Ich achte, liebe und respektiere dich.
Ich teile mit dir in Liebe und reiche dir meine Hand,
damit wir gemeinsam als eins in eine neue Zeit gehen können.
Schön, dass es dich gibt.

Jeanne Ruland

ERFAHRUNGSBERICHTE

Nun möchte ich ein paar Menschen mit ihren Erfahrungen zu Wort kommen lassen. Danke, dass ihr mir eine Rückmeldung gegeben habt und dass ich diese Texte in diesem Buch veröffentlichen darf.

Bericht von Eltern

Für uns als Eltern war die Zeremonie ein besonders bewegendes Ereignis. Die Liebe, die wir zu unserem Kind verspürten, verschlug uns die Sprache und rührte uns ganz tief. Es war schön, dem Kind den Segen zu geben und einmal alles auszusprechen, was man ihm auf seinem Lebensweg wünscht, und nicht nur ständig zu schimpfen, weil das Zimmer wieder nicht aufgeräumt ist. Das Verhältnis zu unserem Kind hat sich verändert. Wir sehen die Stärke, die Kraft, die Schönheit und das Glück, dass wir zusammen sind. Wir schauen mehr in die Tiefe statt nur an der Oberfläche entlang und wissen um den wunderbaren göttlichen Kern, der in unserem Kind und in uns wohnt. Wir sind zuversichtlicher und freier geworden durch den Segen und die Paten. Wir fühlen uns wohl im Kreise unserer Freunde und wissen: Wenn Not am Mann ist, sind sie da.

Bericht einer Mutter

Ich bin alleinerziehend und hatte vor der Zeremonie meinem Kind gegenüber das Gefühl von Last und Schwere, weil ich alles allein managen musste. Ich fühlte mich oft einsam. Nach der Zeremonie hat sich mein Gefühl zu meinem Kind wie auch zu den lieben Menschen, von denen ich umgeben bin, vollkommen geändert. Ich weiß, dass ich mit meinem Kind nicht allein bin. Es berührte mich, dass das Kind den Segen des Vaters von einem lieben Stellvertreter bekommen hat, der auch die Patenschaft übernommen hat. Ich konnte das Licht und das Geschenk, das mein Kind ist, erkennen. Es ist gut, dass es andere Menschen gibt, die »einen guten Draht« zu meinem Kind haben und mit ihm etwas unternehmen. Die Paten melden sich regelmäßig und passen auch mal auf das Kind auf, wenn sie Zeit haben. Die Zeremonie ist mittlerweile zwei Jahre her. Sie hat viel Segen und vor allem Leichtigkeit in unser Leben gebracht. Es sind wirklich Freude und Segen eingekehrt, und meine gesamte Sichtweise meinem Kind gegenüber hat sich grundlegend geändert. Ich bin sehr froh, dass ich diese Zeremonie mit meinen Freunden und Freundinnen durchgeführt habe.

Bericht eines Elternteils

Mein Sohn war immer ein ganz lieber und unauffälliger Begleiter. Während der Segenszeremonie, besonders durch den Segen seines Vaters und seiner Paten, ist sein Herz aufgegangen, und er ist im übertragenen Sinne ein ganzes Stück größer geworden. Nach der Zeremonie war er zum ersten Mal frech zu mir und traut sich nun viel mehr. Er hat Freunde gefunden und ist freier geworden. Mit seinen Paten unternimmt er viel, und er freut sich, dass er sie hat. Die Segenszeremonie hat uns alle sehr im Herzen berührt und das Kind geöffnet und befreit.

Bericht einer Patin

Ich bin Patin eines Jungen und habe deutlich gemerkt, wie sich seit der Segenszeremonie mein vorher eher unverbindliches Verhältnis zu dem Kind verändert hat. Ich fühle viel Liebe für das Kind, und es macht mir Spaß, ab und zu etwas mit ihm zu unternehmen. Sein Bild hängt bei mir im Wohnzimmer, er selbst hat einen festen Platz in meinem Herzen. Da wir insgesamt sechs Paten sind, entstehen weder Druck noch ein verstärktes Verantwortungsgefühl. Jeder der Paten kommt vorbei oder ist da, wenn er sich dazu gerufen fühlt. Wir sind wie ein tanzender Kreis, der das Patenkind begleitet. Wir freuen uns, wenn wir uns z. B. an seinem Geburtstag treffen, und denken gern an die schöne, gemeinsam gestaltete Zeremonie zurück.

Bericht von Eltern

Da wir unserem Kind die Wahl lassen, einen christlichen oder einen anderen Weg zu gehen, waren wir sehr glücklich über die Segenszeremonie, die wir gestalten konnten, um unser Kind hier auf der Erde in einem Netz aus Liebe zu empfangen. Es war ein ganz besonderer Tag. Wir fühlen uns wohl mit dieser liebevollen und segensvollen Form des Willkommens. Es ist der Menschenseele würdig. Unsere Verwandten und Bekannten waren auch sehr angetan davon.

Bericht eines Vaters

Wir haben uns, als unser Kind klein war, gemeinsam zu einer Segenszeremonie entschlossen. Wir haben unserem Kind sieben Paten zur Seite gestellt. Es war eine sehr schöne und berührende Feier, an die ich mich heute noch gern erinnere. Fünf Jahre danach trennten wir uns. Das Erstaunliche war:

Die Paten waren da und haben sich in dieser Zeit nicht nur sehr fürsorglich und lieb um unser Kind, sondern auch um uns gekümmert, viele Gespräche mit uns geführt und uns geholfen, einen einigermaßen guten Weg zu finden. Ich weiß nicht, wie es ohne die Liebe der Paten für unser Kind und uns weitergegangen wäre. Sie haben wirklich eine Brücke geschlagen und die Liebe gehalten. Ich bin sehr dankbar für die Hilfe, die wir besonders in dieser Zeit erhalten haben.

Bericht einer Mutter

Mein Sohn suchte sich als Lied »Probier's mal mit Gemütlichkeit« aus dem »Dschungelbuch« aus. Er liebt dieses Lied, und so sangen wir es bei der Segenszeremonie für ihn. Als er von der Grundschule auf das Gymnasium wechselte, kam keiner seiner Klassenkameraden mit, und er kannte auch sonst keinen einzigen Schüler. Wir saßen in der Aula, und ich fragte mich, wie es wohl für meinen Sohn werden würde. Da sang der Kinderchor zur Eröffnung alle Strophen von »Probier's mal mit Gemütlichkeit«. Mein Sohn strahlte über beide Wangen und sagte: »Schau, sie singen mein Lied, hier bin ich richtig, hier werde ich viele Freunde finden.« Und so war es dann auch.

Bericht eines Vaters

Ich fühle mich einfach seit der Segenszeremonie wohler, weil unser Sohn außerhalb unseres familiären Rahmens einen Kreis von Menschen hat, die für ihn da sind und denen ich mein Kind jederzeit anvertrauen würde. Es ist ein gutes Gefühl.

Bericht einer Zeremonieleiterin

Als erfahrene Zeremonieleiterin ist es für mich immer wieder zutiefst anrührend, die Brücke bewusst zu schlagen zwischen dem Göttlichen, aus dem wir kommen, und dem Menschlichen, in dem wir leben. Die Liebe, die dann in einer Gemeinschaft spürbar wird, trägt einen. Es ist wunderschön, Menschen auf diese Weise willkommen zu heißen und neue Wege zu weben.

Bericht einer Mutter

Für mich waren die Segenszeremonie und ihre langfristigen Auswirkungen eine tiefe und erstaunliche Erfahrung. Sie hat uns enger zusammengebracht und doch viel weiter und vertrauensvoller werden lassen. Ein Erlebnis möchte ich hier erzählen: Als unsere Tochter sieben Jahre alt war, gerieten wir mit einem ihrer Paten in Streit. Wir brachen mit ihm und spürten interessanterweise die Auswirkungen bei unserer Tochter. Es war, als ob die Energie des Paten in ihr wirkte, sie war gereizt und unausgeglichen. Wir sprachen mit ihr und beschlossen nach einigem Nach-innen-Gehen, das Patenamt freizugeben und ihr stattdessen in einer kleinen feierlichen Zeremonie einen anderen, von ihr selbst gewählten Paten zur Seite zu stellen, damit keine Lücke entstünde. Das hatte eine positive Wende zur Folge und brachte noch am selben Tag Frieden. Es ist schon erstaunlich, wie das Netz, das durch eine so liebevolle Zeremonie geknüpft wird, wirkt, wenn es nicht mehr stimmig ist. Was mich auch begeistert, ist, dass die Paten meines Kindes immer zur richtigen Zeit kommen und für es da sind. Die Schöpfung ist ein lebendiges, facettenreiches Netz. Ein riesiger Teppich des Lebens. Wir sind die Fäden, die diesen Lebensteppich mit jedem Tag aufs Neue knüpfen. Wir schaffen und lösen, um uns neu zu verbinden.

Bericht eines Vaters (geschieden)

Diese Segenszeremonie für mein Kind war wunderbar. Unser Kind war schon etwas älter, als die Segenszeremonie von meiner Exehefrau geplant wurde. Ich wurde eingeladen und konnte dem Kind vor allen Gästen meinen Segen geben. Das hat mir sehr viel bedeutet. Auch wenn eine Beziehung nicht mehr funktioniert – Eltern bleibt man. Es war wie eine Aussöhnung und Heilung für mich und ein guter Weg, mit dem Kind gemeinsam weiterzugehen, auch wenn man von dessen Mutter getrennt lebt. Das Kind erhielt zusätzlich den Segen von dem neuen Partner meiner Frau. Es war wohltuend für mich, zu erleben, dass es gut aufgehoben ist. Es war, als ob wir dem Kind vermitteln konnten: »Die Trennung hat nichts mit dir zu tun. Du bist wunderbar, wir lieben dich, und wir sind als Eltern stolz auf dich und für dich da, auch wenn wir nicht mehr zusammenwohnen.« Ich glaube, es war eine Heilung für alle Beteiligten. Das Kind wirkte nach der Zeremonie fröhlich und ausgelassen, sprang glücklich zwischen uns allen hin und her und zeigte uns seine Geschenke. Die Paten sind sowohl mit meiner Exfrau als auch mit mir befreundet. Es war sehr verbindend und Brücken bauend, und es ist sehr gut, zu wissen, dass es für unser Kind diesen verbindlichen Kreis von Menschen gibt.

Bericht von Eltern

Als unsere Tochter geboren war, haben wir mit fünf Paten eine Segenszeremonie nach den Fünf Elementen durchgeführt. Die Paten begleiteten unser Kind durch die gesamte Kindheit und meldeten sich zum Geburtstag, zu Weihnachten und auch zwischendrin immer mal wieder. Sie unternahmen einiges mit dem Kind, Dinge, auf die wir niemals gekommen wären. Es ist richtig klasse, was dadurch entstand. Als unser Kind 13 Jahre alt wurde, wiederholten wir die Zeremonie im Sinne einer Übergangszeremonie: Unsere Tochter wurde in den Kreis der Frauen aufgenommen. Das nun zur Frau heranwachsende Kind konnte entscheiden, welche Paten es im nächsten Abschnitt begleiten sollten. Drei Paten blieben, ein Pate wechselte. Wir reflektierten und vertieften die Kindheitszeit unserer Tochter zusammen mit allen Paten, die sie bis dahin begleitet hatten. Wir tauschten uns im Vorfeld über besondere Erlebnisse und Erfahrungen aus und schauten uns Bilder an. Wir bastelten ein Fotoalbum der Kindheit für unsere Tochter und schenkten es ihr in dieser zweiten Zeremonie. Es war schön, sich gemeinsam auf die neue Zeit einzustellen. Die Zeremonie kam mir vor wie ein Tor zu einer nächsten Stufe. Alles verlief sehr freundschaftlich, stimmig und harmonisch. Es hat uns als Eltern gutgetan, uns mit dem Kind ein Stück aus der Kindheit zu lösen.

Bericht einer Teilnehmerin

Ich wurde zu einer Segenszeremonie eingeladen. Bis dahin hatte ich noch nie von so etwas gehört, und ich war anfangs etwas skeptisch, ja, misstrauisch. Ich war sogar innerlich etwas empört, aber auch neugierig. So ging ich zur dieser sogenannten Segenszeremonie. Ich nahm Platz und spürte ganz viel Liebe und von Anfang an Wärme. Ich fühlte mich willkommen in diesem Kreis. Besonders berührt hat mich der Segen des Vaters für seinen Sohn. So viel Liebe ist da gewesen. Ich musste zu meiner eigenen Verwunderung weinen. Wie sehr hätte ich mir einen solchen Segen von meinem Vater gewünscht, von dem ich so viel Ablehnung erfahren hatte! Mein Herz öffnete sich ganz weit. Aus meinen Augen flossen die Tränen. Ich konnte gar nichts dagegen tun und spürte, dass es in Ordnung war. Ich war so tief wie selten zuvor berührt. Als ich in die Runde schaute, stellte ich zu meiner Erleichterung fest, dass es anderen Gästen ähnlich erging wie mir. Auch sie waren mit Tränen der Rührung und der Betroffenheit überströmt. Ist das schön, so von seinen Eltern und Menschen, die einen wirklich lieben, begrüßt zu werden. Ich sprach nach der Zeremonie die Leiterin an, und wir beschlossen, eine kleine Zeremonie der Heilung für mich, für mein inneres Kind zu machen. Seither fühle ich mich ein Stück getragener vom Leben. Ich bin sehr dankbar, diese Form des Willkommens erfahren zu haben. Ich denke sehr gern und mit viel Wärme im Herzen an diesen Tag zurück. Eine solche Segenszeremonie bedeutet irgendwie für alle auf eine besondere Weise Heilung.

ANHANG

Checkliste für die Vorbereitungen

- ◇ rechtzeitig die Termine planen und den Zeitpunkt bestimmen
- ◇ einen oder zwei Termine für die Vorbereitung mit Eltern, Kindern, Paten und der Leitung (Wann? Wo?)
- ◇ Termin und Ort für die Zeremonie; Alternative bei Regen
- ◇ Leitung auswählen
- ◇ evtl. Stellvertreter für einen Elternteil auswählen
- ◇ Paten auswählen
- ◇ Paten über die Bedeutung und Aufgabe des Patenamts informieren und ihre Zustimmung einholen
- ◇ Ablauf und Gestaltung gemeinsam besprechen und planen
- ◇ Gästeliste erstellen
- ◇ Einladungen gestalten und rechtzeitig absenden; evtl. Anfahrtsskizze und Übernachtungsmöglichkeiten angeben; evtl. Mitzubringendes aufführen
- ◇ Dauer der Zeremonie in etwa festlegen
- ◇ Kostenfaktor berücksichtigen
- ◇ Gestaltung und Rahmen der Zeremonie festlegen
- ◇ Musikauswahl treffen
- ◇ Namensbedeutung herausfinden

- ✧ Segensspruch wählen
- ✧ Lebenskerze gestalten
- ✧ Blumendekoration organisieren
- ✧ besondere Kleidung für das Kind und evtl. für die Mitwirkenden besorgen
- ✧ anschließendes Fest organisieren
- ✧ Programmheftchen oder Liedtexte für die Zeremonie gestalten und drucken
- ✧ evtl. Patenscheine für die Paten erstellen

Checkliste für die Zeremonie selbst

- ✧ Geschenke der Eltern und der Paten für das Kind basteln oder besorgen
- ✧ Texte der Paten zusammenführen
- ✧ Wünsche und Segen für das Kind schriftlich fixieren
- ✧ genauen Ablaufplan der Segenszeremonie erstellen
- ✧ für jeden Paten ein gerahmtes Bild von dem Kind organisieren
- ✧ Kerzen für jeden Paten besorgen
- ✧ kleines symbolisches Geschenk für alle anwesenden Kinder basteln oder besorgen
- ✧ fünf Tische jeweils in den Farben der Elemente oder einheitlich decken
- ✧ Tisch für die Mitte auswählen (für die Leitung)
- ✧ Schale mit Wasser bereitstellen

- ◇ evtl. Duftessenzen hinzunehmen
- ◇ Korb besorgen für die Geschenke, die das Kind erhält
- ◇ Korb besorgen mit Geschenken für die Paten, die Zeremonieleitung und evtl. die Gäste
- ◇ CD-Player und CDs organisieren
- ◇ Taschentücher bereitlegen
- ◇ evtl. Rescuetropfen oder -bonbons besorgen
- ◇ Gläser, Wasser und andere Getränke bereitstellen
- ◇ evtl. Kleinigkeiten zum Essen organisieren
- ◇ Stühle, Bänke, Tische und Tischdecken sowie Teller und Besteck in ausreichender Menge organisieren
- ◇ Kamera mit geladenem Akku bereitlegen; Fotografieren oder Filmen regeln
- ◇ Instrumente und Noten organisieren, wenn Musik vorgesehen ist
- ◇ Glocke oder Gong für die Eröffnung oder Schließung bereitlegen

Spickzettel für eine Segenszeremonie

Gäste empfangen, einweisen und Programmhefte und Lied-texte verteilen

1. Eröffnung der Zeremonie, vielleicht mit einem Lied, einem Gong oder einer Glocke
2. Begrüßung aller Anwesenden
3. Vorstellungen
4. kurze Erläuterung bezüglich dessen, was heute hier stattfindet
5. Das Lied des Kindes wird angestimmt, gespielt und/ oder gesungen.
6. Das Kind und die Eltern werden in die Mitte gebeten.
7. Die Paten werden aufgerufen und stellen sich an ihren jeweiligen Platz.
8. Das Patenamt wird erläutert.
9. Die Paten werden namentlich aufgerufen (im Sonnenlauf beginnend, im Osten aufrufen) und öffentlich gefragt, ob sie bereit sind, das Patenamt zu übernehmen.
10. Das Kind ist mit seinen Eltern oder allein in der Mitte.
11. Das Geburtsdatum des Kindes wird verlesen.
12. Die Segenszeremonie beginnt.
13. Name des Kindes – Namensfindung – Bedeutung des Namens
14. Segnung

15. Chakraöffnung in der Aura
16. Segen wird auf das Kind und in seinen Lebensweg geleitet.
17. Die Kerze für das Kind wird entzündet.
18. Nun treten die Eltern vor.
19. Die Eltern verlesen gemeinsam den Segensspruch, den sie ihrem Kind mitgeben. Es kann auch etwas schönes Persönliches, das mit dem Kind in Verbindung steht, erzählt werden.
20. Die Mutter gibt ihrem Kind den Segen, ihre Wünsche und ihr Geschenk
21. Der Vater gibt seinem Kind den Segen, seine Wünsche und sein Geschenk
22. Die Eltern begleiten ihr Kind zu den Paten, oder das Kind geht zu jedem einzelnen Paten (je nach Alter und Wunsch des Kindes). Jeder Pate gibt seinem Patenkind das, was er dem Kind auf dessen Weg mitgeben möchte, den Segen und ein Geschenk.
23. Der Pate bekommt z. B. ein Bild des Kindes und eine kleine Kerze in einer Halterung und vielleicht noch eine Alohakette oder ein Bändchen als Symbol für die neu geknüpften Bande.
24. Die Gäste können jetzt einzeln dem Kind ihren Segen, ihre guten Wünsche und, wenn sie möchten, Geschenke geben. Die Geschenke können in dem bereitgestellten Korb gesammelt werden.

25. Zum Abschluss bilden die Gäste, die Paten und die Eltern einen Kreis um das Kind. Sie können sich bei einander einhaken oder sich an den Händen halten.

26. Alle anwesenden Kinder werden von den Erwachsenen gesegnet und erhalten ein symbolisches Geschenk der Liebe (z. B. ein Herz aus Rosenquarz oder Schokolade, eine Kerze oder eine Blume).

27. Es kann noch mal das Lied für das Kind gesungen werden oder ein zweites Lied, das zu dem Kind passt. Man kann dazu auch Luftballons, die mit vielen guten Segenswünschen für das Kind versehen sind, in den Himmel aufsteigen lassen oder Wunderkerzen anzünden.

28. Der Leiter öffnet die nächste Runde für das nächste Kind nach dem gleichen Muster oder beschließt die Zeremonie mit Dankesworten an alle, einem Segen oder einem Gebet für das Kind und dessen Paten.

29. Anschließend wird gespeist, gefeiert und musiziert.

DANKSAGUNG

Ich möchte mich bei allen Menschen bedanken, die mich auf meinem Weg inspiriert und begleitet und dazu beigetragen haben, dass dieses Buch entstanden ist. Ich danke allen Menschen, die mit uns auf dem Weg und bereit sind, sich die Hände zu reichen und neue Kreise der Liebe zu bilden. Danke von Herzen.

Ich danke Eva Maria und Michael Mora (www.quantumengel.de), Markus und Heidi Schirner (www.schirner.com), Tamara Kuhn, Murat Karaçay (www.spiritualmedia.de, www.pixelnull.de), Silva, Samy und Keanu sowie Shantidevi Felgenhauer.

Adressen von Menschen, die Segenszeremonien leiten:

- ⬦ Shantidevi Felgenhauer: www.shantidevi.de
- ⬦ Michaela Fischer: www.yoga-der-neuen-energie.de
- ⬦ Sabrina und Marcel Dengel: www.trafo.or.at
- ⬦ Antara Reimann: www.lichtfocus.de
- ⬦ Lisa Biritz: www.lisarainbow.com
- ⬦ Anne-Mareike und Wibke-Martina Schultz:
  www.naturheilpraxis-schultz.de
- ⬦ Daniela Marcinnó: www.sorayas-angels-office.com
- ⬦ Bianca Scobie: www.huna-im-augenblick.de
- ⬦ Stefanie Bäcker: www.PANadera.de
- ⬦ Hans und Gaby Hongsermaier: www.prana-gmbh.de

Möge der Segen sich ausbreiten, durch uns fließen und um die Welt. Mögen die Netze der Liebe geknüpft werden und wir gemeinsam im Herzen verbunden in eine neue Zeit gehen.
Jeanne Ruland
www.shantila.de

ABBILDUNGSNACHWEIS

ÜBER DIE AUTORIN

Jeanne Ruland ist Mutter von drei Kindern, Buchautorin mit langjähriger schamanischer und metaphysischer Ausbildung, Huna-Lehrerin und anerkannte Heilerin im Dachverband Geistiges Heilen.

Mittlerweile kann sie auf einen reichen Erfahrungsschatz im Umgang mit den geistigen Kräften zurückgreifen, die im Kern alle zur Einheit, zu Gott, zur Quelle, zum Selbst führen. Durch ihre vielen Reisen ist sie mit zahlreichen spirituellen Meistern und Kräften in Verbindung getreten und hat verschiedene Ausbildungen absolviert. Der Weg begann mit Raja-Yoga und Kriya-Yoga nach Babaji und Yogananda und führte dann über eine dreijährige alchemistische Ausbildung weiter nach Amerika. Dort lebte die Autorin eine Zeit lang und wurde in der Meister- und Engellehre nach Elisabeth Claire Prophet und in der Energieheilung nach Barbara Ann Brennan ausgebildet. Auf einem ihrer Flüge Richtung Vancouver lernte sie einen aus Kanada stammenden indianischen Schamanen kennen. Diese Begegnung veränderte Jeanne Rulands Leben grundlegend. Sie absolvierte eine schamanische Ausbildung, zum Teil nach Michael Harner, und lernte bei unterschiedlichen indianischen Lehrern in Amerika und in Deutschland. Als der Ruf sie erreichte, Bücher zu schreiben, war sie erfüllt mit praktisch erlebtem Wissen, in dem Himmel und Erde miteinander verbunden sind. Sie begann im Jahr 2000 mit der Autoren- und Seminartätigkeit. »Die lichte Kraft der Engel« und »Das große Buch der Engel« waren ihre ersten Werke, die wie all ihre Bücher, Kartensets und Kalender beim Schirner Verlag erschienen sind.

In ihren Werken sowie in Vorträgen, Seminaren und Workshops teilt Jeanne Ruland ihr Wissen von Herzen gern mit anderen Menschen, um sie zu sich selbst, zu der Kraftquelle im Inneren, zu führen.

Weitere Informationen unter: www.shantila.de

NOTIZEN

NOTIZEN